新装版

政治無知が日本を滅ぼす

小室直樹
Naoki Komuro

ビジネス社

今また政治無知が拡大再生産されている

●まえがきに代えて

火付け・強盗・自民党――何とゴロのいい言葉だろう。

福島県令三島通庸は、「オレの領地には、『火付け・強盗・自由党は一匹も置かぬ』」と言ったが、其の自由党の成れの果てたる「自民党」が天下を取って四十年近く（正しくは二十八年。だが片山哲内閣を含めて戦後の日本は「保守党」に乗っ取られたも同然だ）、野党は逼塞して寝言マシーンの如し。

是れで「政治倫理」が成立するなら送電塔に花が咲く。いやもう少し上品に、「猶お、木に縁りて魚を求むるが如し」（『孟子』梁恵王篇　第一。七）と言っておく。

「権力は腐敗する」「絶対権力は絶対に腐敗する」。**是れは政治学の大定理**だから、四十年も同一政党に政権を任せ切って置いて腐敗したと言って喚くのは、夏も真っ盛り、刺身を冷蔵庫にも入れずに放っぽり出しといて、「腐っちゃったア」と泣き喚く様なものだ。

況して「自民党」、生まれは争えぬもので、兄弟分たる火付けより危険で、強盗より狂暴なくらい見抜けぬか。

我が国に於ける「唯一人の政治学者」丸山真男教授は言う。

ヨーロッパでマキアヴェリやホッブスのような近代政治学の建設者が、いずれも徹底した悲観的人間論者であったことはよく知られている。マキアヴェリは有名な『君主論』のなかでこういっている。

「人間というものは恩知らずで、移り気で、陰険で、危険にあうと逃げ出し、そのくせ転んでもただでは起きない。利益を与えれば味方するが、いざ犠牲を捧げる段になると、たちまち尻をまくって逃出すものだ」（多賀善彦氏邦訳による増補版『現代政治の思想と行動』未來社　一九六四年）

丸山教授が引用しているマキャヴェリの一句、恐らく誰でも知っている有名な格言であるが、物事を政治的に観ようとする時、其の決定的重要さは、強調され過ぎる事はない。

そして、次に引用する丸山教授のコメントは、是れまた、マキャヴェリの言に劣らず重要だ。

こういう性悪説は昔からあまり評判がよくない。道学先生からは眼の仇にされる。しかしそれは一つには、マキアヴェリやホッブスの方が道学先生よりも、人間の、従って政治の現実をごまかしたりヴェールをかけたりしないで、直視する勇気を持っていたというだけのことであり、もう一つは、性悪説の意味を誤解しているためである。（前掲書）

此の様に、政治的にものを見ようとすると、性悪説（人間の本性は、〝悪〟であるとする説）に立たない訳にはゆかないのであるが、是れを政治学の第一の公理とすれば、第二の公理は、政治家とは、斯かる「性悪な人間の中でも、取り分け凶悪なのが政治家と言う動物である」と言う事だ。

どんな善良な市民でも、一度本物の「政治」の世界に入るや、忽ち狂暴この上ない怪獣に変身する。丸でフランケンシュタインの怪物だが、そう理解して頂くと、手っ取り早い。其れ程までに政治権力は魔性を持っている。

では何故、そんな醜悪この上ない怪物を飼って置く必要があるのか。

醜悪な怪獣でないと政治が任せられないからである。国民を豊かにし、社会の混乱を防ぎ、国家を栄えさせる事が出来ないからである。是れを経世済民と言うが、是れぞ政治の目的であり、是れを齎して呉れる怪獣が良い政治家なのである。

マキャヴェリは言う。

> 法王アレクサンデル六世はただこれ人を欺くことだけを目的として行動し考えたが、同時にそれを実行するための材料をいつでも発見した。彼ほど大げさな誓いを立てて承諾し、彼ほど有効な断言をする人はかつてなかったが、同時に彼ほど食言する人もなか

った。それでいて彼の虚偽はいつも思いどおりに成功した。それは人間のこうした性質の半面を彼はよく知っていたからである。（『君主論』黒田正利訳　岩波文庫　一九三五年）

時にローマ法王庁は累卵の危うき（不安定で最悪の事態を引き起こし兼ない状態）にあり、イタリアまた麻の如く乱れ、相次ぐ外国軍隊の侵略を受けて、国民は皆な生きた心地もなかった。此れを救ったのが、法王アレクサンデル六世と彼の妾腹の子チェーザレ・ボルジアである。其れであればこそマキャヴェリは此の二人を評価し、個人的にもチェーザレ・ボルジアを尊敬している（塩野七生『チェーザレ・ボルジアあるいは優雅なる冷酷』『神の代理人』等参照）。

此の様に論ずると、必ずクローン人間の言葉の様に、「そんな話聞いただけで胸がムカついてくる。毛唐（なんて差別用語を使う人が未だいる）はそうかも知れないが、東洋古来の道徳は其れを許さない」との反論が返ってくる。

果たしてそうか。

孔子曰く、

斉の桓公は正にして譎ならず（『論語』憲問第一四。十六）＝斉の桓公は正しく行なって、偽ることをしなかった。

孔子は其の他の所でも、屢々桓公を絶賛しているが、では桓公とはどういう人物か。彼は政権を取る為に兄弟の公子糾を殺した。戦争を別にして、彼に殺された人間、どれ程いるか分からない。内寵（妾）の数も多く、家庭は乱れに乱れ、死んでも六十七日も葬って貰えず一尺もある虫が外に出て来た程であった。

また彼は人喰人種であった。彼の料理人易牙は自分の子を殺して料理にして桓公に勧めてゴマを擂って大臣に任ぜられた（桓公が「今まで色々食べたが、子供の肉だけは未だ食した事がない」と言った事に依る）。

史上最大の学者たる孔子、桓公の個人的なスキャンダルを知らない訳はない。

しかも、其れに付いては一言も言及していない。

何故か。

孔子が「政治」を理解していたからである。

当時の中国は戦乱で荒れ果て、今にも野蛮人に滅ぼされそうであった。

其れを救ったのが、覇者ナンバー・ワンの桓公だ。

此の九合一匡（天下の諸侯を九回も集めて同盟を結ばせ、世直しをして秩序を取り戻した）の功に比べたら、人を殺すくらいなんだ、妾の数なんか問題にもならん、人を喰うぐらい、いいじゃないかと。

と、此処まで人を喰った事を言ったら「聖人」として売り出し中の孔子、当代なら番組から降ろされ兼ない。しかし、彼の主旨ははっきり言わなくっても同じ事だ。

此処に「正にして」とは、「正しい政治をして」と言う事である。

儒教は優れて政治的な宗教であるのに、此処の所がどうにも分からないのが日本人だ。

「政治倫理」とは、良い政治をする事。

結果良ければ全て良し。ザッツ・オール。是れだけだ。

唯、此の「良い政治」と言う事の意味だが、昔なら既に述べた「経世済民」だけで良かった。

今なら其の上、「デモクラシー」を機能させ、国民の基本的人権を守る事、是れが加わる。

金大中はいきなりホテル・グランドパレスから拉致され、

　両手両足を縛られ、重しをつけて船底にころがされた時、私は、自分の人生もこれで最後なのだな、と覚悟しました。仕方ないといったん諦めたすぐあとで、いや、なんとしても生きたい、と生への執着が突き上げてくる。諦めと執着と、心は何度も揺れました（『週刊現代』）

と言う目に遭わされた。

韓国では、

金泳三が新民党総裁に当選したあと、在野勢力と手を組み、そのバックアップを受けるという情勢の下で、七四、七六年の民青学連事件、三・一救国宣言など、一連の民主化の炎が燃え上がった。合法政党の合法闘争と民主化要求がうまく噛み合ったのです。こうした導火線をへて、釜山、馬山事件が起こりました。

この両事件が政府にとって衝撃的だったのは、事件の主役が学生ではなく、一般市民だったということです。(六〇年の)四月革命が学生の蜂起だったのに対し、この時は一般市民が税務署に焼き打ちをかけたりしている。政府は一部の暴徒のやったことにすぎないといっていたが、当時のKCIA部長の金載圭は現地に行ってみて、これが一部の暴動などではなく、一般市民の蜂起であることを確認し、ソウルに戻って朴大統領に『なんらかの決断をしなければなりません』と進言しました。

ところが、そばにいた大統領警護室長の車智澈は、『あのような暴徒は殺せばいい』と逆に金載圭を攻撃し、朴大統領も、『お前は何をいっているのか。私の目的を達成するためには、二十万人や三十万人死んでも眉ひとつ動かさない』と突っぱねたのです。(同誌)

なんて言う事が直ぐ起こる。驚異の高度成長「漢江の奇蹟」を実現し、経済面では先進諸国を追いつめ追い越そうとしている韓国に於いてすら「デモクラシー」が、兎も角も（決して「理想的に」等と言わない）機能する事は、此れほど困難なのである。

是れでは強盗の如き政治家ではなく、強盗以上に凶悪な政治家なのだ。

いいいや、其れでも、帝国主義の植民地にされ、国民は奴隷の如く、民に飢色あり野に餓莩（餓死体）あり、と言うのよりずっといいではないか。

我々日本人は、嘗て政治に無知であった故に「誰一人欲した者のいない」大戦争に突入した。

此の事を綺麗に忘れ、政治白痴で附和雷同すること野良犬の如きマスコミに依って、今また致命的な政治無知が拡大再生産されようとしている。

一管の筆、よく大廈の倒れんとするを支え得れば幸いである。

一九八三年四月

小室直樹

1章 歴史を動かす人はどの様な人達だったのか

2章 為政者は後世に何を遺せたか

3章 独裁者の出現と時代背景から何を学ぶべきか

4章 独裁者の政治手法
スターリンとヒットラー

1章

歴史を動かす人はどの様な人達だったのか

始皇帝の生い立ち

始皇帝とネロの復権

日本の戦後政治の火付け・強盗にも等しい悪党揃いの自民党でも、兎も角も此れだけの経済発展、高度成長を齎し、見掛けだけであれ、デモクラシーを作動させてきたではないか。

政治の良し悪しは結果責任である。

各個人の私欲の追求が、結果として社会全体の最大幸福に導かれるのだ。

詰まり、「政治家が握り立つような権力欲を以て政治を争う」——そうであればこそ、結果として世の中は繁栄し、上手く治まり、国民は幸せになるのである。

此れから挙げる人物達は、何れも歴史上の悪役揃いであるが、実は大変な業績を挙げた者達である。詰まり、悪党＝暴君こそ政治が出来ると言う訳だ。

「ネロ」と言えば、今でも悪しき君主の代名詞の如く見做され、「暴君ネロ」とか何とか、そんな調子の形容詞を付けない事には、収まりが付かない。

東洋で彼に匹敵する者を挙げよと言われたら、差し詰め、秦の始皇帝だろう。

此の二人を比較してみたい。

しかし、比較の為には、何かの共通点がなければならない。

此の二人、時代も違えば、秦帝国とローマ帝国と、社会的・文化的・政治的に、随分と違っている舞台に出演しているのだが、案外と共通点が多いのだ。

其れに、是れこそ、此の二人に登板して貰う理由だが、**名君であると同時に暴君**、此の二つの、他人が観ると、凡そ矛盾している素質を持っている点でも、本書のテーマに打って付けだ。

プルターク英雄伝の一つの特色は、単に英雄の伝記を著わすだけでなく、（プルタークの目から見て）似ている、或いは匹敵する、と思われる英雄を、ギリシャから一人、ローマから一人、と選んできて其の比較を行なっている事である。其れがまたひどく面白いと言うので、プルターク英雄伝の名声を不朽なものと成らしめている。

是れを「他山の石」として、東西の暴君代表の比較をしてみるのも、面白かろうと言うものだ。

此の二人を暴君兼名君だなんて言ったら、驚く人も多いだろう。

猛然と反対する人もいる筈だ。其れ程まで深く此の二人のイメージは、暴君の代表として、人々の心に刻み込まれている。しかし、死後千年以上も経って、此の意見に反対の人々も現われてきた――其れ以前も皆無と言う訳ではなかった。

いや、無視すべからざるものがあったのだが、人々のイメージを変える程の影響力は持ち得ず、何時しか消えてしまったのであった。

革命後の人民中国に於いては、始皇帝の評価が俄かに高くなって来たが、欧米の歴史家の中にも、ネロ見直し論が、漸く盛んになって来た。

家庭内暴力は二千年前もあった

此の二人の共通点は、不幸極まりない幼年期。是れである。

フロイトは、幼児体験が、其の人の人格形成に及ぼす致命的な影響力を強調するが、ネロと始皇帝共に後半、「世界の主」と呼ばれる事になる此の二人は、悲惨な幼児体験から人生をスタートさせる。

二人共、母の愛と言うものを知らなかった。愛どころか、謂わば、〝憎母コンプレクス〟とも言うべきものを心の奥に引き摺りながら、此の二人は成長して行く。

そして成年を迎えると、是れもまた割符を合わせた様に、二人共、政治権力を巡って、母子は、文字通り、死活の決闘を演ずる。と言う事は、此の決闘に負けたら、政治権力者の座から引き摺り降ろされる事は言うまでもなく、生命まで失ってしまう、と言う事である。

此の〝家庭内暴力〟は最近、日本でもアメリカでも頻発する家庭内暴力なんかとは、其のスケールに於いて、悪質さに於いて、其れこそ象と蟻ほども違う。

此の死活の決闘を仕掛けてきたのは、母親の方であり、其れも、色情に狂い、巨大な富と世界帝国の統治権とを、我が手中に収めようとして、であった。

と言えば、そんな母親があってたまるものか、と言う反論を受けそうだ。

日本なら、息子の家庭内暴力に狂乱する母親でも、何としてでも、息子の行ないを矯正しようと、身を棄ててでもと必死の努力をする。

其れ以外の事、想像する事さえ不可能だ。

家庭内暴力の原因と言う事になると、其の状況下での「責任」は何時も決まって子供の側にある（此の子供の心理の奥底にあるコンプレクスを形成した責任と言う事にでもなると、話は全く別だが）。

其の証拠に、子供が振う暴力の度が過ぎた狂暴さに、已む無く反撃して、「子殺し」の大罪を犯した父親の裁判に於ける判決が、執行猶予か其れに近いものである事を見ただけでも、第三者が是れをどう考えているか、思い半ばに過ぎよう。

逆に、子や孫が、父や祖父を殺した場合には、当人は、天地許さざる大罪人を通り越して、狂人か精神病患者にされてしまう（尊属殺人ゆえ）。普通の人間が納得できる理由なんか、何処にも見出せないからである。

況して、母親ともなると、息子に殺される程の暴力を振われても、黙って耐える。是れがパターンだ。だが、こんなものとは、桁違いの「母親との決闘」を強いられる事になる始皇帝とネロ。此の生涯を観ることにしよう。

父親が生殺与奪権を握った中国

後の始皇帝、嬴政と言う。名が「政」で姓が「嬴」氏だ。彼が生まれて来た時の中国には、皇帝と言うものはなかった。

時は、戦国末期、中央に周王朝があっても、其の権力に於いてはないにも等しく、七つの大国、秦、楚、斉、燕、趙、魏、韓の所謂戦国七雄が争っていた。古典的ヨーロッパの列強——英、独（或いはプロイセン）、仏、露、墺——の様に、此の七国の間の戦争と外交との結果として、天下の趨勢が決まるのだ。

此の七国、大雑把に言って、十七〜十八世紀のヨーロッパ列強並みと言っていいだろう。楚の領土は、現在のヨーロッパ・ロシアを除いた全ヨーロッパより広い。

秦は、領土面積こそ楚に及ばないが、国力は更に富強である。

嬴政は、西暦紀元前二五九年、ネロに先立つ事二九六年、趙の首都、邯鄲で生まれた。

生まれた時には、彼が将来、「皇帝」なんてものは言うまでもなく、秦王になれるチャンスがあるなんて思ってみた者は誰もいなかった。

其れにしても、何でまた秦の国内ではなく趙の都等と言う外国で生まれたのか。其れには少々、いや大いにワケがあって、彼の父の子楚が、趙へ人質になって来ていたからだ。

子楚は秦の太子の子供の一人ではあったが、余り大事にされてはいなかった。

其れは、当時の最強国たる秦から、強国とは言いながら、秦に比べるとずっと弱い趙なんぞへ人質に出された事だけで明白だろう。人質を交換して和親する時、立場の強い方から出される人質に、重要な人物があった例はない。

中国では、王や太子に夫人の数も多く、何十人と言う子沢山が普通だ。

秦の太子安国君にも、息子だけで二十数人もいた。となると、余程のお気に入り息子ではない限り、一人や二人、外国へ人質に出しても平気な筈だ。

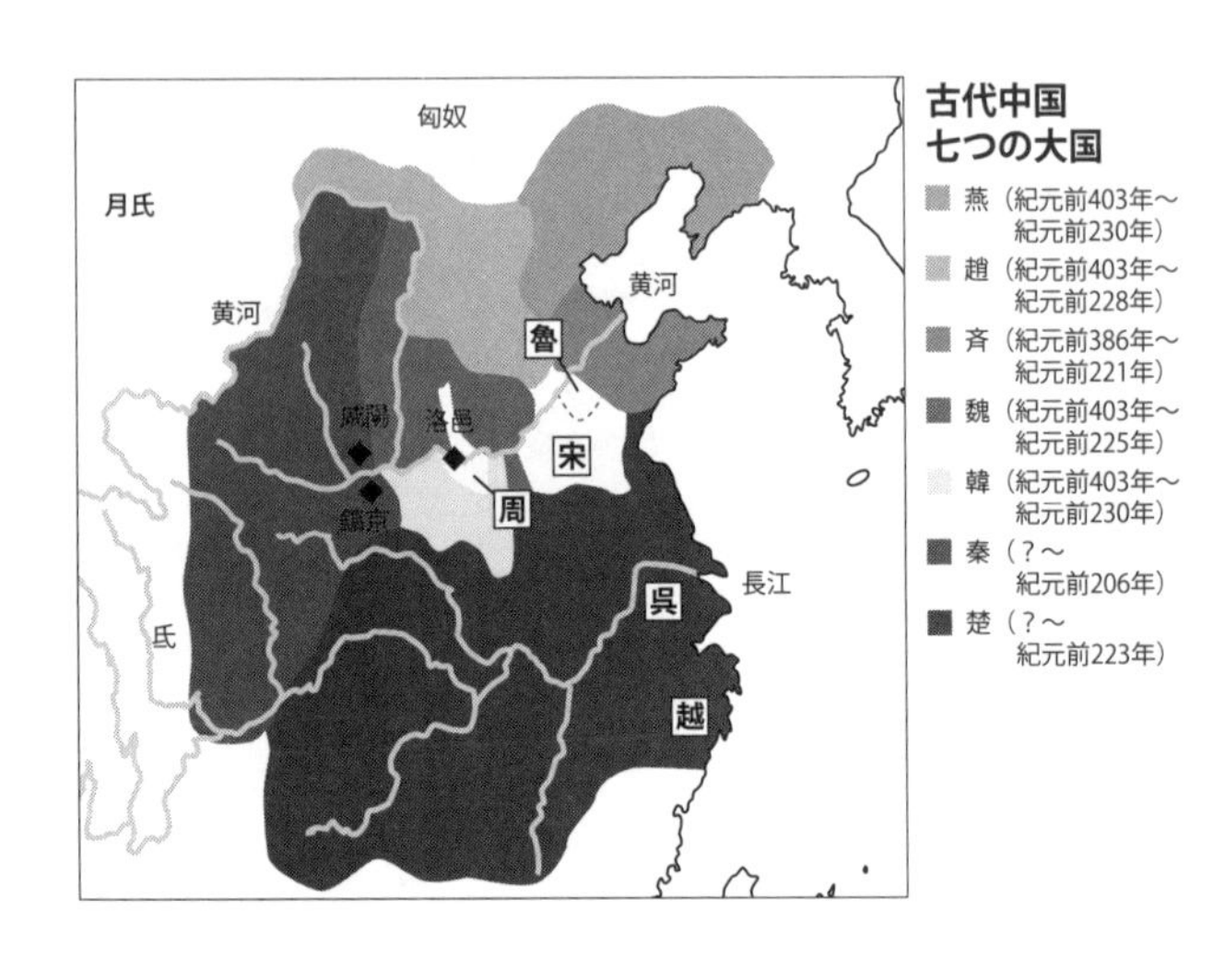

中国では、特に王子の場合、父親に気に入られるかどうか、此処が息子の運命の分かれ目だ。ライヴアルが何十人もいるのだから、後継ぎに選ばれるのは、大変な競争となる。

中国には、元来、「長子相続」の法はない。

庶民の財産なんぞ、どの息子にも均等の相続権がある。君主の位ともなると、そう言う訳には行かず、誰か一人が後継ぎとなるのだが、其の人は、長子でなければならないと言う事はない。父親が勝手に決めて良い。だから父親に嫌われたら百年目、後継ぎに選んで貰えないのは言うまでもなく、悪くすると、殺され兼ない。

生殺与奪の権とは、正に此の事だ。

政の父・子楚は、太子安国君に疎んぜられていた。と言う事は、太子の世継ぎにはなれないと言う事である。畢竟（とどの詰まり）、秦王なんぞになれっこないのである。

況して、明日をも知れぬ人質の身。生きて秦の地を踏めるか、其れすら分からない。

大商人が発見した〝奇貨（掘出し物）〟

そんな子楚に、思いもかけないチャンスが、向こうから舞い込んで来た。

韓の都、陽翟（河南省禹県）に、呂不韋と言う大商人がいた。彼は、遠隔地間の商業を手広くやって、大儲けをした。唸る程の大金を貯えていた。

こうなると後は、お定まり通り、名誉と権力とが欲しくなる。とは言っても、時は戦国時代。選挙がないから、政治は全て金権万能と言う訳にもいかない。此の二つだけは、幾ら金を積んでも、オイソレとはいかなかった。

彼は、然かるべき機会を狙っていた。彼の慧眼（良い見通し）は既に、超強国秦は、遠からず、天下を統一するであろうと見抜いていた。地位や権力が欲しければ、秦に近付く事だ。とは言っても、身分制度厳しき此の時代、如何に大金持ちと雖も、一介の商人に過ぎない呂不韋が、秦王国の王室や大臣に、そう易々と近付けるものではない。

田中角栄と小佐野賢治とが刎頸の友（大親友）となれる現代とは時代が違うのであった。

が、彼は、大変な事を発見した。

秦の太子安国君は、もう可成の老年になっているのに、未だ世継ぎを決めていないのだ。其の理由は、安国君には、華陽夫人と言うお気に入りのお妃がいるに、彼女には、どうしても子供が出来ない。彼も彼女も焦ったが、是れはどうしようもない。

安国君は、悩み抜いて、世継ぎを決め兼ねていた。

是れが、呂不韋の情報網にキャッチされた。

其の彼が、商用で趙の都、邯鄲（人口七十万の、当時としては巨大都市である。また、商工業は殷賑〈盛んな様〉を究めていた）に赴いた時、其処で不遇を託っている秦太子の息子子楚を発見した。

子楚は、元々彼の母の夏姫が、太子安国君の妾でありながら、愛されていないトバッチリを受けて、余り父のお気に入りでなかったので、趙に人質に出されていたのだ。秦は、強いのをいい事にして、王孫の十人や二十人、殺されたってスペアが幾らでもあるからいいやとばかり、中小企業を絞め上げた首相池田勇人以上の激しさを以って趙を攻めた。

趙は、超大国秦を恐れ切っていたから、其の人質たる子楚を殺す事だけはしなかったとは言うものの、こんな状況では、其の待遇が良い訳はない。

「舐めんなよ」とばかり、散々に虐め抜いた。

未だ若い子楚が、フラストレートして、憔悴（憔れ果て）し切っていたと言うのも、無理からぬ事であった。

そんな青年子楚を、野望に燃える陽翟の大賈人（大実業家）呂不韋が発見したのであった。

彼は思わず、小躍りして喜んだ。そして叫んだ。

「此奇貨可居」＝「此れ奇貨居くべし」と。

「こりゃ、大変な掘出しものだ。買い占めておかなくちゃ」、とこう言った。

“秦の悲劇”は此処に始まる

此の取引き、子楚と呂不韋との双方にとって、ひどく大きな利潤を齎すことにはなったのだが、其のコストもまた大きかった。

世界史の進路は、大きく捻じ曲げられる事になったのであった。

とは言っても、其処までは気付かなかった。

と言っても、別に此の二人を非難する積りは、著者には全くない。

シュテファン・ツヴァイクがいみじくも喝破したが如く、**「世界史の重大事件は、其の始めに於いては、誰も重大性に気付かないもの」**であるからだ。

如何にも、ギボンが、その主著『ローマ帝国衰亡史』（Gibbon, *History of the Decline and Fall of the Roman Empire*）に謂うが如く、「ゲルマン人の傭兵隊長オドアケルが、ローマの全市を占領し、軍事的に完全に制圧したときでさえも、これで、ローマ帝国は終焉し、それとはまったくちがった秩序が形成されたこと。この世界史の一瞬として、最も重大な出来事の意味を理解した者、それは誰もいなかった」からである。

現に一七八九年、ヴァスチーユ牢獄が人民の手で解放された時ですら、是れが全ヨーロッパを巻き込む大事件になるなんて予想した者は、誰もいなかったではないか。

況して、ハグレ王子（王孫）子楚が、一介の商人呂不韋に会った事、其の事が如何なる世界史的意味を持つか。此の事に気付いた者、そんな者が一人もいなかったにしても、別に責任問題なんか起こらないから、余り心配なさるには及ばない。

扨て、子楚を見て、「奇貨居くべし」と言って、欣喜雀躍（嬉しくて、跳ね回る）した、呂不韋はどうしたか。早速彼に接近した。

今なら、彼はうらぶれ果てた身の上、是れは簡単な事だ。幾ら超大国秦の王孫とは言え、趙にとっては、もう殺してもいい人物。秦にしたって、もう呉てやっても惜しくない。

どうぞ何時でも、お殺しなさい、と。

幾ら血脈がいいからと言ったって、こんな人間なら、何時でも会える。

呂不韋は、子楚に会って言った。

「吾能大子之門」＝「吾、能く子の門を大にせん」と。

詰まり、私には貴方に転機を与える力がありますと、こう言う事だ。

こうして人質の王子、子楚と、大商人呂不韋との将来計画の青写真が出来た。

後は、発注を待つばかりである。

如何にも、こんな風にして、史上最大の秦帝国の誕生が定まった。

何とも恐ろしい事だ。

二千年にも亘って、歴史家が非難して止まない、「秦の悲劇」（The Tragedy of the 〝Shin Empire〟）は全て此処に淵源を発する。

お金と甘言は何時の世にも通用する

でも話の順序として其の前に、秦の始皇帝、いや、赤子嬴政の生い立ちはどうだったのか。

彼の父たるハグレ王孫、子楚は如何にして彼を生み、彼を育てたのであったろうか。

呂不韋が、子楚に「吾能大子之門」＝「吾、能く子の門を大にせん」と言ったって、どんな風にして……か。

政が生まれたのが、秦の昭王の四十八年だから、昭王はもう大変な高齢で、何時死んでも可笑しくない。政治の実権は既に太子の安国君の手に移っているのだが、安国君も既に相当の齢。其の安国君の世継ぎが未だ決まっていないのだから、子楚を其の世継ぎにすればいい訳だ。

結論は正に其の通りだが、此の子楚、安国君に余り可愛がられていない、と言うより、無視されているに近い。で、どうした。

呂不韋の作戦は、先ず、子楚の名声を高める事であった。五百金と言う此の頃の金としては目も眩む程の大金を子楚に与え、是れで自由に食客達と交際させた。

高が食客と思う勿れ。

時は戦国の世、才能ある人間の為のチャンスなんて、至る所にゴロゴロしていた。

其れ故、我と思わん者は、故国を棄てて、諸国を漫遊するのだ。此の方が、余程出世の近道であった。

上は孔子、孟子から、雄弁の外交家として「合従連衡」と言う熟語まで生み出して有名な蘇秦、張儀等、皆此の類いだ。

孟嘗君の家には、此の類いの食客が三千人もいたと言われているし、特に秦は、食客を厚遇するので、中国中から才能ある人物が続々と集まって来た。

秦の孝公は、衛人・商鞅を首相にして秦を中国一の超強国としたし、昭王は、魏人・范雎を首相として、更に秦を強大にし、秦王・政は、楚人、李斯を首相として天下を統一した。

此の時代の食客の中には、聖人クラス、首相クラスの人材もいたのである。

だから、食客の間の評判、是れが、其の人物に関する天下の定評となる。

子楚は、五百金で、食客達を厚く歓待したので、秦の王孫・子楚は立派な人物だと言う評判が、天下に広まった。

是れで、バック・ミュージックは宜しい。

呂不韋の方は、更に五百金で珍しい貴重品を買って、太子安国君の愛姫・華陽夫人に献上して言った。

「(子)楚や夫人を天となし、日夜泣きて太子及び夫人を思う」と。

ゴマの擂り様もあろうに、よくもヌケヌケと、此処まで言えたものではある。

が、女は、此の種の口説き文句には弱い。あっと言う間にコロリとなって、「そんなに私の事を思って呉れるなら養子にしましょう」と言う事になった。

是れで、太子の世継ぎ問題は一挙に解決。

子楚は、二十数人の有力な競争相手を乗り越えて、晴れて秦太子の世継ぎとなった。

三流大学さえどうかと思われていた受験生が、東大に合格したみたいな話だ。

皆な呂不韋の力に依るものだから、彼は、子楚の傅（後見人）になった。

運の良い時は良いものである。老齢の昭王は直ぐ死に、安国君（孝文王）が位に就いたが、是れもたった一年で死ぬ。

子楚が秦王（荘襄王）となり、呂不韋が首相となった。

恵まれなかった周囲の事情

と、こうも呂不韋の作戦は、トントントンと成功したのではあったが、子楚が王太子の世継ぎに決まる少し前の話になる……。

呂不韋と子楚とが酒を飲んでいる時、凄い美女が舞って出た。

子楚は、一目で逆上あがって、此の美女を呉れ、と言った。

実は此の女、呂不韋の子を既に妊娠していたのだったが、呂不韋は是れまでに子楚の為に全財産を投入している。こうなると弱い。アメリカから九百億ドルも借りている中米産油国の頼みの様に、もうどんな頼みも断れない。

顔では笑って心で泣いて、「じゃ、差し上げましょう」と言う事になった。

此の女が生んだ子が、政である。だから、本当の父は、呂不韋であった事になる。

以上は、『史記』の記述を忠実にスケッチしたのだが、こんな王室の最大秘密を、司馬遷はどの大歴史家が、どんなデータに基づいて、こうも明白に断言できるのか分からない。

が、此の頃の大歴史家は、或いは超能力を持っていたかも知れない。

彼を信用して、此の問題には触れないで置く。

子楚（荘襄王）も三年で死んだ。

政が十三歳で即位して秦王となり、呂不韋首相は摂政みたいな気になった。

何故なら秦王・政は、実は我が子だから。

邯鄲の舞姫は、王太后となった。

と言う事になっても、生まれは争えぬもので、此の女、大変な好色であった。

先王が死に、息子の秦王が幼いのをいい事にし、先ず、呂不韋とヨリを戻した。

が、呂不韋はもういい齢だし、首相は激職。彼女のセックス攻めに、忽ち音をあげた。

戸川猪佐武の様に腹上死もかなわんし、大平正芳の様に首相在職中に死んだって、選挙に勝てると言うものでもない。

第一、秦王にバレたら、幾ら何でも、是れは大変な事になる。

其処で、呂不韋は、男根の大きな嫪毐に命じて、性器に桐の木の輪を填めて歩かせ、猥らな音楽を流させた。太后は是れを見て、涎を流して、嫪毐をセックス・パートナーとした。

『史記』に、此処まではっきり書いてある。

旧約聖書や、ギリシャ・ローマの古典もそうだが、古代には、ポルノは発禁にならなかった。

嫪毐は長信侯に封ぜられ、住居は宮殿の如く、政治は大小となく、彼の意の儘であった。

若いとは言っても、其処は英明な秦王・政の事、母の淫事も、既に嫪毐との間に、二人も子供のいる事も、悉くスパイを通じて耳に入っている。

と言う事を知った嫪毐は、太后の印璽（国と皇帝の印との総称）を捺した動員令を下した。

粛清される前に、軍事力で秦王・政を殺そうと言うのだ。

が、秦王も然る者、忽ち逆襲に転じ、此の母子戦争、あっさりと、秦王側の圧勝となった。

嫪毐は車裂きの刑に処せられ、一族も一党も、皆殺しにされた。

太后が生んだ二人の子も殺された。

秦王・政は、ネロとは違って母を殺しはしなかったが、戦犯として都から追放した。

秦王は、事件の背後に呂不韋のいる事を知っている。

首相を罷免し河南の地に住まわせたが、「今でも俺の実力はこんなものだ」と、河南の片田舎で、千客万来をデモンストレートした。

秦王は、生かしては置けぬと、自殺を命じた。

此の様に、秦王・政は、青春の最も多感な日々を、肉親の人々が、人間の最も醜悪な部分を露呈するのを見て成長した。

そして、其の悉くを殺し、或いは追放した。

ネロは名君だった

権力欲と色情の落とし種

若き日のネロの家庭の悲惨さも、秦王・政（後の始皇帝）の其れに劣らない。

彼の母アグリッピーナは、秦の王太后（彼女の名前は伝わっていない）と比べて、淫猥な事では良い勝負、野望と政治力に於いては、遥かに勝る。

尤もルキウス・ドミティウス（後年のローマ皇帝ネロ）も、紀元後三七年に生まれた時、将来、帝位を継ぐチャンスがある等とは、誰にも思えなかった。

ルキウス（ネロ）を、陰謀に次ぐ陰謀に依って、遂にローマ皇帝に推し上げたのが、彼の母のアグリッピーナである。是れは大した腕前だ。

秦の太后は、息子の政が、幼くして即位した故、可成の期間、政治権力を握っていたとは言うものの、抜群の政治力を発揮したと言うのではない。能力のあったのは、彼女の恋人・呂不韋の方だ。呂不韋と組まなかったとしたら、何事も成功しなかった事だろう。

それに対し、アグリッピーナの方は、自ら陰謀の中心となって、息子を皇帝にしたのであった。

彼女は、稀に見る政治的能力の持ち主であったが、此の様な政治的動物に必ず見られる様に、飽くなき権力欲の受肉化（Incarnation）、日本語で言えば、権化とも言うべき人物であった。権力欲と色情で固まった女性。此の目的達成の為なら、彼女は、如何なる手段に訴える事も辞さなかった。誰を殺すのも平気である。

ところが息子に対する愛情、是れに限って、殆どないと言っていい。

二歳で定まったネロの人生

果然（果たして）、波瀾万丈のネロの生涯は、早くも彼が二歳の時に始まった。母のアグリッピーナが、カリグラ帝（ガイウス）の暗殺を企てた廉でローマを追放されたのだった。

カリグラ帝と言えば、彼女の実の兄だ。彼女は実の兄を殺すくらい、鶏を捻るくらいにしか考えていなかったらしい。此の〝兄殺し〟が、後に、〝夫殺し〟に発展するのだが、肉親だって何時殺し合うか分かったものではない。此のフィーリングが、ネロの幼児体験を形成した事、是れは間違いない。

ネロの幼児体験としては、二歳の時に母を失ったと言う事になる。

こんな小さな幼児にとっては、母が、今、傍にいるかどうか、此の事だけが致命的に重要なのであって、彼女が死んだか、追放されたか、是れは余り関係ない。

其れから一年後、ルキウス（ネロ）は、実父（グイナウス）も失った。

天涯孤独の孤児になった訳だ。

御負に、カリグラ帝は、ザマ見ろとばかり、財産も皆な取り上げてしまった。

彼は已む無く、母の妹の手で育てられる事になったのだが、こんな時に、親族なんて、当てになるものかどうか。

身寄りもなく押し付けられた孤児をどう取り扱ったか。大概想像も出来ようと言うものだ。

とは言っても此の叔母、決して意地悪でもなく、況して、身寄りもない甥を苛めるなんてケチな女でもなかった。

叔母はルキウス（ネロ）を、大変可愛がった。問題は、母親の希望とは無関係に、自分の趣味に合わせて甥を教育した、唯、其れだけの事ではあった。

是れだけの事が、後に惨劇を生む原因となる。

ルキウス（ネロ）の叔母。妃の母と言う高い身分ながら、全て下好みである。

後白河法皇が、「今様」に凝った様なものだと思えばいいだろう。

歌と踊りとが大好きときている。

邸の中には劇団が棲み付いている。

ネロも忽ち感化を受けて、歌と踊りとが、大好きになってしまう。

其の方面の才能も多分にあった。

生まれ付きルキウス（ネロ）は、勇気もあり頭も良かった。其の上、歌と踊りに才能があるのなら、タレントになっていたら大成功疑いなしと、誰でもこう思うだろう。

しかし、全く彼にとって不幸な事には、古代ローマには、カセットテープもなければテレビもなかった。

折角の能力も、発揮の仕様がないのだ。

御袋のアグリッピーナ。家柄の良いのが何よりの自慢。

其れだけなら未だしも、絶世の美女で頭も凄く良い。

女もこう、三拍子揃うと化け物になる。

男を片端から喰い殺す。てな程度なら、未だ救いもある。喰い殺された男だって、散々いい思いをして、カマキリのオスの様に満足して喰い尽くされていったことだろう。

だが、こんな女の息子に生まれた奴こそ災難もいい所だ。

男なんて食糧の一種と考えているくらいだから、息子だって、精々、権力獲得の為の道具だ。

全く、いいツラの皮とは此の事だ。

後の「暴君ネロ」、今のルキウスはこの面の皮に生まれ付いた。

教育ママが選んだ家庭教師

ネロの母アグリッピーナ。名誉と権力の化け物だから、ローマの伝統的特権階級の好むものを好み、軽蔑するものを軽蔑する。

此処ら辺り、**今の教育ママも、古代ローマ最大の才女も、少しも違った所はない。**

帝母アグリッピーナが、歌と踊り好きであったか嫌いであったか、是れは分からないが、確かな事は、彼女はネロがこんなものに熱狂しているのを見て、其れこそ、烈火の如く怒った。「そんな事では、とても、古典的ローマ人にはなれません」と言う訳だ。

古来、ローマ人の本質は、武骨な野蛮人であって、何事であれ、浮付いた事を何よりも嫌う。歌や踊りなんぞ、奴隷か賤女のする事だとされてきた。

こんな事に、彼女の一人息子が熱中しているのだ。

是れを見て、「誇り高きローマ人の娘」アグリッピーナは嚇怒（火が点いた様に怒る）した。自分の母親としての責任を、何もかも忘れてしまって。

此処に、「ネロの悲劇」の濫觴（事の始め）がある。

ルキウス（ネロ）は、忽ち、ふしだらではあっても住み心地の良かった、歌と踊りに満ち満ちた叔母の家から連れ去られ、厳粛この上ない堅苦しい「ローマ武人」の館に閉じ込められる事になった。なら未だ良かった。幼きルキウスが連れて行かれた所は、〝外から見たら武家屋敷、入ってみたら淫売屋〟いや、其れ以上の所であったのだ。

言行不一致。言うは易く、行なうは難い。程度の差はあっても、誰だってそうだ。

しかし、ネロの母アグリッピーナ程の人も珍しい。

口では、ローマ古来の英雄の業績に付いて説き、其の行ないとなると、淫売婦も三舎を避ける（驚き呆れる）程、猥褻極まりないものがあった。

ルキウス（ネロ）の幼児体験に於いて、是れがどんな痕跡を残したか。

精神分析学（Psychiatry）に、恰好の練習問題を残した。

ルキウスの新しい家庭教師として選ばれたのが、ストア派の大哲学者セネカであった。其れまでは、ダンサーと床屋だったのだ。虚栄心の塊りの様な母アグリッピーナにしてみれば、一人息子がそんな者共に教えられているのは以ての外と思われるだろうが、幼い息子ルキウスにとって、何方が幸せだったか、是れは分からない。

大哲学者を師とした点で、ネロは、彼に好意を持つ歴史家に依って、アレクサンダー大王と対比される。

よく知られているように、アレクサンダー大王の家庭教師は、古代、中世を通じて、ヨーロッパ及びイスラム教世界に於いて、最大の権威を持ち続けた、ウルトラ大哲学者アリストテレスである。

是れに比べると、セネカは可成落ちるが、まあ、「ウルトラ」や「スーパー」なしの大哲学者くらいの所なら、掛値なしにゆくことだろう。

此の当代随一の大哲学者セネカが、幼いルキウスの家庭教師となった事は、皇帝ネロの生涯に大きな影響を及ぼす事になる。

アレクサンダー大王は、成長後、特にアリストテレスの援助を受けた訳ではないが、若い皇帝ネロの背後には軍師セネカが付いていた。

好色女の血脈

母アグリッピーナの方は、息子を妹から取り返したとは言うものの、息子の教育に専念するなんていう殊勝（しゅしょう）な女ではなかった。

義妹の夫のパッシェーヌ・クリスプスに目を付け、義妹を離婚させて乗っ取った。

ハイジャックならぬハズバンド・ジャックは彼女の最も得意とする所である。

エリザベス・テイラーみたいだが、相手はずっと大物。哀れな義妹ドミティアの方は、間もなく、原因不明のまま、中川一郎（なかがわいちろう）の如く突然、死んでしまう。

ハズバンド・ジャックの名人にしてみれば、婚約者ジャックくらいお茶の子さいさい。

時の皇帝クラウディウスの娘オクタヴィアに目を付けた。

彼女には、既に婚約者がいたが、それを追い払って、我が子ネロとの結婚を企（たくら）んだ。

クラウディウス帝は、アグリッピーナの叔父に当たる。

アグリッピーナは彼の姪（めい）である事を口実に、繁々（しげしげ）と叔父の帝の下に通っている内に、しっかりと彼の心を摑（つか）んでしまった。クラウディウス帝は、前妃メッサリーナとの間に二児があったが、彼女を不貞の廉（かど）で殺害した。

で、今のところ独身である。アグリッピーナの美しさに、ウットリとなった。

彼女の悪運の強さも相当なもので、夫のパッシェーヌは、彼女に莫大な遺産を残して死んだ。タイミングは正にピッタリ。

帝女オクタヴィアにはシラヌスと言う婚約者がいたが、此の好青年、余りにも妹と仲が良過ぎた。此れがアグリッピーナに口実を与える事となり、クラウディウス帝に言い付けて、シラヌス青年は、近親相姦の濡衣を着せられ、元老院から追放され、婚約は解消された。

扨て、アグリッピーナ。他人には近親相姦の罪で罰する様な事をしておきながら、自分の方は一向に平気。クラウディウス帝と結婚する事にした。

流石にローマ中が呆れ返った。

ローマには、エジプトやペルシャ等とは違って、皇帝に限って、妹等の近親と結婚して良いと言う習慣はなかった。其れに、当時のローマでは、皇帝は〝君主〟であると言うセンスは未だ、ローマ人の間に定着していなかった。

其の証拠に、皇帝の相続と言う考え方もルールもなく、屢々、軍隊の歓呼に依って選ばれ、後で元老院が是れを承認すると言う形を採る事が多かった。現に、クラウディウス帝もまた、近衛軍（帝の親衛隊）の歓呼で選ばれたのであった。

マックス・ヴェーバーの言に由ると、最も原始的なカリスマの相続だ。

毒婦の奸計が皇帝ネロを生む

此の様に、ローマが未だ共和国で、君主がいないとすると、皇帝(インペラトル)と雖(いえど)も一市民。如何に大きな権力を持とうと、一身上の特権はない筈であった。

が、其処(そこ)がアグリッピーナ。巧妙な元老院工作を展開した。

普段は「笑わん殿下」以上に、苦虫(にがむし)を噛(か)み殺した様な顔をセールスポイントにしているアメリカ上院の長老でも、ハリウッドの美女の前では満面(まんめん)、笑(え)みを湛(たた)える様に、ローマ元老院議員と雖(いえど)も絶世の美女には弱い。

彼等は元老院で口々に言った。

「昔のローマでは、従兄妹(いとこ)同士の結婚なんて考えられなかったのに、今では平気になったではないか」、だから、これを延長(イクストラポレイト)させて、叔父と姪(めい)でもいいのではないかと言う事だ。

「今や、ローマ存亡の時である。皇帝には立派な妃(きさき)が必要だ」

だが、此処(ここ)まで言ったら、クラウディウス帝は無能だからアグリッピーナの政治的手腕が必要だと言う事になりはせぬか。でも、遠回しにはそう言うことになっても、直接には、此の結婚に賛成と言う事だ。

……てな事で、元老院は、アグリッピーナ帝妃に賛成した。

結婚式の当日、帝女オクタヴィアの前婚約者シラヌスは自殺した。

其処で、ネロとオクタヴィアとの結婚は一瀉千里。元老院が可決して、十五歳のネロと十三歳のオクタヴィアとは、晴れて結婚した。

其の上で、ネロを養子としてクラウディウス家に入れた。

こうなると、アグリッピーナの三番目の夫クラウディウス帝はもう御用済み。

小児麻痺で足が不自由な上、口から涎を流している六十四歳の老人なんかに未練があるわけがない。暗殺の名人アグリッピーナに、あっさりと毒殺されてしまう。

近衛軍事司令官ブルス将軍は、既に彼女に手懐けられている。

ネロがブルス将軍を従えて近衛軍の前に現れると、兵士達は、一斉に、「皇帝万歳」と歓呼の声を上げた。元老院も承諾した。

こうして皇帝ネロは、目出たく誕生した。

巧みな演説で人心を掌握する

此の時ネロは十六歳。十三歳で即位した秦王・政（後の始皇帝）に比べると、少しは増しだったとは言え、幼くして国家の元首となった事は同じだ。

母親が背後にいて、何のかんのと政治に嘴を入れる事、此れも同じだ。

日本では、橋本龍太郎代議士は、初登院に母親に連れられて登院したとて天下の失笑を買ったが、其れでも未だ、大臣の認証式や、総理大臣の親任式に母親付きといった例は一つもない。彼の教育ママの元祖、鳩山春子女史だってそんな事はしなかった。

其れが、教育ママなら未だ小五月蠅いだけだが、アグリッピーナ太后と秦の太后、未だうら若い絶世の美女で「ウルトラ」付きの淫乱女ときている。幼君主の太后として権力を握ったのをいい事に、猥淫の限りを尽くす。

アメリカの家庭裁判所なら、そんな女には母親の資格なしとして、子供を連れて行ってしまう事だろう。

しかし、国家元首を連れ去る訳にはいかない。

此処に、此の二人の皇帝の悲劇の源泉がある。

二人の皇帝には、右の様な多くの共通点があるのだが、刮目すべき違いもある。

ネロには、即位当時、呂不韋の様に、国政を壟断（一人占め）する権臣（権力のある家来）と言うものがなかった。

是れは重要である。

若い有能な君主にとって、こんな権臣ほど鬱陶しいものはない。「先考（前の君主）の権臣」を如何に清算するか、是れが、決まって若い君主の仕事始めとなる。

カイゼル・ウィルヘルム二世は、ドイツ帝国の父とも言うべき大宰相ビスマルクさえ罷免しているし、清最大の名君聖祖康熙帝の最初の治績は、呉三桂をリーダーとする、所謂三藩を取り抑えた事であった。

ネロには権臣はいない。

が、代わりに、元老院と言う難物が控えている。

名目的には、ローマは未だその時、共和国で皇帝は君主ではないから、仮令事実上、どれほど大きな権力を持とうと、其れには元老院の承認が必要である。皇帝や其の家族が神として祭られる事もあったが、其れには元老院の承認が必要であった。

元老院が腹を括れば、未だ、皇帝を罷免したり、死刑に処す事だって出来たのだ。

皇帝が、即位と同時に、自動的に「神」になる事が出来るようになったのは、ずっと後の話である。

ローマ皇帝の初仕事は、元老院の信頼を得る事、手っ取り早く言えば、元老院を手懐ける事である。

ネロの元老院に於ける施政方針演説は大成功であった。何しろ、当代切っての大哲学者セネカが原稿を書いて呉れるのだ。其れくらいの事、名にし負うローマ元老院の事、百も合点、二百も承知だが、其処が政治家。

田中角栄以外の日本の大臣の議会演説なんか、官僚が作った原稿の棒読みではないか。衆議院と書けなくて象議院と書いたのもいる。そんな有象無象が、二千年も経てば権力者になれるんだから、十六歳にしてはネロは上出来だと思った、かどうか其処までは保証しないが、ネロは、セネカ原稿の棒読みでは決してなかった。

身振り、手振り、口調、完璧に近い演出であった。

子供の頃、音楽や芝居に凝った事が、こんな所で役に立ったわけだ。

若い頃は良い脚本に恵まれず大根役者と言われた俳優ロナルド・レーガンだが、其の体験を政治家として役立てて国民の絶大な人気を背景に、反共外交を貫く「強い大統領」を見事に演じ切った事を思い出してみると良い。

ネロの余りの雄弁に元老院はすっかり感服し、其の施政方針演説は、銀板に刻み付けられて、永遠に保存される事になった。毎年、執政官に朗読させる為にだ。

但し、ネロの生まれた十二月を年の初めとすると言う決議と、彼の黄金像（銅像ではありませんぞ！）を建てようと言う提案は、固く辞退した。

是れがまた、「若いのに謙虚な事よ」と、元老院の古狸共の絶賛を浴びた。

元老院が、千切れる程に尻尾を振り始めたのだ。

民衆もまた、歓喜してネロの治世を迎えた。

パンとサーカスで民衆を満足させた五年の治世

ネロは、寛仁の政治をコマーシャルにした。

日本語なら「和の政治」と言った所だが、鈴木善幸首相の「和の政治」は、忽ちボロを出して、二年と持たなかったが、ネロ皇帝は、そんなドジな男ではなかった。

追放解除したり、告訴を取り下げさせたり、あれや是れやで、元老院も民衆も、「名君現わる」と大喝采を惜しまなかった。

ローマは平和であり、ローマの敵共はピクリともしなかった。

日本人なら、「天下泰平、四海波静か」と言う所だ。民衆は、たっぷりと「パンとサーカス」、詰まり**安定した生活**と**豪華な娯楽**を与えられて満足した。

何しろ、子供の頃、乗馬と音楽と踊りとに最も興味を示したネロの事である。

スポーツや演劇ならお手のもの、自から楽器を奏で舞台に立って歌い、乗馬レースにも参加して、民衆のヤンヤの大喝采を浴びる。

彼は、余り学問はなく、此の事に関しては、全てセネカの口移しと言ってもいい程であったが、政治家としては、豊かな才能に恵まれていた。

其の一つが、一目で、人の顔と名前が結び付く才能だ。

此の才能が政治家として如何に貴重か。

ナポレオン三世は、人の名前を暗記すべく必死の努力を毎日していたそうである。

其れが田中角栄ともなると、顔と名前と選挙区と派閥と当選回数と、一度で五つ揃えのセットが出来上がる。此のセットが角栄の神通力の秘密の一つだ。

宮沢喜一では、「さてキミ、誰でしたか。して、選挙区と派閥は」「宮沢派の末席を汚しております。して、十回も当選したので、一度くらいは、大臣に」

是れでは締まらない事夥しい。宮沢と言う男の人気が、もう一つパッとしない理由の一つは此処にある。

ネロの政治は、平和と民衆生活の安定を齎したのだから、其れだけでも、大したものだ。

其れまでのローマは、大シーザー以来、野心家に依る政権争奪。偉大なる将軍に依る外国征服。政争と戦争のオンパレードであった。

民衆は、是れでは、幾ら史上最大の帝国が出来ても、大平・福田の四十日抗争より傍迷惑ではないか、とまでは言わなかったが、ナポレオン治世末期のフランス人民の様に、芳醇なる勝利の美酒に飽き、清冽な平和の水を欲していたのであった。

何れにせよ、此の有様では、ローマ帝国の別名（いや、実は、是れが本名）にもなっている「ローマの平和」と言う表看板は、誇大広告になるから、早急に取り外して、「ローマの戦争」にしなければならない筈であった。

幼帝ネロはタイミングも良かったのだ。

彼の齎した平和と民生の安定とは、民衆にとって真に神の恩寵であった。

ローマ「五賢帝」の一人トラーヤヌス帝は、「ネロ治世の最初の五年間は、ローマ史上、最良の時代であった」と言っている。

何しろ、今でもローマに大きな記念柱を残して観光資源を提供しているトラーヤヌス帝の言葉だ。信用していいだろう。

五年間も最良の政治が続いた。其れだけで大したものではないか。我が国の「歌手一年、総理二年で使い捨て」てな事とは理由が違うのだ。

悪名高き〝粛清〟は自衛の為

では、其の後はどうしたのだろうか。

政争は漸く盛んとなり、後世、乱倫の人と呼ばれる行為を繰り返すようになるのであるが、其れでも、治世最後の数年間を除いて、「ローマの平和」は保たれていた。

是れは、大きな治績と言わずばなるまい。

彼は、母を殺し、妻を殺し、弟を殺し、恩師（セネカ）を殺したので、スターリーン以上の大暴君と言う事になっているが、其れはどうか。

今日まで残っている歴史書は皆、反ネロ的立場に依って書かれているが、其れですら、ネロは、スターリン式粛清を行なった事は、一度もない。

ネロは、已む無く、謂わば自衛の為、政敵を殺したと読める。

『ユダヤ戦記』で有名な歴史家ヨセフスは、此の時代には、ネロに好意的な書も存在したと言明している。ネロを尊敬している人物も可成いたらしい。

五賢帝の一人トラーヤヌスが其の中の一人であるが、五賢帝の奔りネルヴァは、ネロ派の元老院議員であり、意気投合していた。

五賢帝の中、二人までが明白なネロ・ファンだと言う事は、何か通じ合うものがあると言う事である。

彼は、僅(わず)か三十一歳の若さで自殺に追い込まれたが、もし彼に余命を貸せば、名君として返り咲く能力とチャンスとは十分にあった筈である。

後世に遺された大いなる遺産

天下統一を前に政治倫理など寝言である

ネロに比べると、秦王・政（後の始皇帝）は幸運であった。

若くして呂不韋の様な権臣を始末し、権力ママは追放した。秦太后は、アグリッピーナ程の権力欲も政治力もないから殺す必要まではない。生かして置いて、大人しくなった所で呼び返したので、秦王・政は、ネロとは違って、母殺しの汚名は免れた。

此の骨髄にまで染み透る体験を代償として、冷酷さと言う政治家として貴重この上ない資産を入手した政は、傍目も振らず、天下統一街道を直走る。

肉親の醜さを心底まで刻み込まれた彼にとって、家柄が何だろう、因習が何だろう。こんなものは何と空虚で無意味なものに見えた事か。

秦王・政は、楚の人李斯の才能を見込んで、客卿（外国出身の大臣）に任じ、やがて廷尉に昇進させる。楚は秦の最大の敵国である。また、廷尉と言えば、丞相（首相）、御史大夫（副総理兼最高裁長官）の次の位の大臣である。

李斯は、外交に謀略に、フルに手腕を発揮した。彼を助手として、秦王・政の戦争指導は、九年で他の六国を滅ぼしてしまった。名将も揃っていた。内史騰は韓を滅ぼし、他の五国は、王翦、王賁の父子が分担して滅ぼした。

此の間、秦王の決意は不動のものがあった。秦王が、唯能力だけを基準として、余り外国から来た人を重く用いるので、土木工事のスキャンダルがバレたのを機に、秦の王族や生え抜きの重臣らが、「逐客令」（外国人登用規制令）の公布を迫った。

スキャンダルほど政敵を葬るのに有効なものはない。

若き秦王は、一時はよろめき、「逐客令」を公布した。其処へ李斯が現れて、『逐客を諫める書』を奉った。

曰く「泰山は土壌をゆずらず、ゆえによくその大をなす。河海は細流を択ばず、ゆえにその深をなす。王者は衆庶を却けず、ゆえにその徳を明らかにす」と。

昔から有名な言葉である。土を少しも捨てないから泰山の様な大きな山が出来、どんな小さな川も受け入れるから黄河の様な大河が出来ます。其れと同じ様に、どんな人間でも差別なく受け入れてこそ、王様は良い政治が出来るのです。

此れを見るや、秦王・政。「スキャンダルは政治家の決して行なってならぬものである」なんて、レーニンが聞いたら小児病患者として興醒めする様な事は決して言わない政の事。流石は李斯、良い事を言って呉れた。

二千二百年後の日本の野党やジャーナリズムではあるまいし、「政治倫理」なんて寝言を本気にしてて、ロクな政治なんか出来る訳がある筈ない。

「田中角栄がそんなにいらんのだったら朕が貰ってやる。タイム・マシンで連れてこい。彼奴を丞相にしといたら、秦の経済は高度成長し、長城や阿房宮を造ったくらいで民力が枯渇する事もなく、秦の天下は二十世紀まで続き、日本が戦後国交恢復した相手は、百五十世ぐらいの皇帝だったものを」と、地団駄踏んで悔しがった、と。

目を皿の如くにして、『史記』を隅から隅まで読んではみたが、此の言葉を発見する事は出来なかった。

しかし、似た様な事を言ったのだろう。「逐客令」は直ぐ廃棄され、外国の人材は秦に留まり、更に天下の人材は秦を目指して集まって来るようになった。

もし、「逐客令」が存続していたら、秦の大統一は出来なかったかも知れない。

李斯自身、追われる該当者の一人なのである。

始皇帝が名君たる所以

秦王・政が紀元前二二一年に天下を統一すると、在来の「王」より上の位に昇進したのだとして「皇帝」の位を制定して、秦王・政は、始皇帝となった。

封建制度を全廃して、全国に行政単位としての県を置き、その上に郡を置いて、幾つかの県を統括させた。

明治の廃藩置県は、二千年後に是れを真似たみたいだが、日本との違いは、県の上に更に上位の行政単位がある事である。郡は現在の省に当たるが、四川省など九十六県もあって日本の倍にもなる。こんな具合だから、同じく地方長官としての郡の長官の郡守と、県の長官の県令との地位の開きは大きい。何れも、「知事」と訳するのは勝手だが、知事に格差の大きい二ランク（王朝によっては、三ランク以上、例えば刺史）がある事を忘れてはならない。

更に始皇帝は、**度量衡を統一**し、**文字を統一**した。度量衡の統一、是れだけで十分に画期的業績である。物を計る単位が、国毎に違う事がどれ程不便か、メートル法の普及にどれ程の時間を要したか、考えただけで思い半ばに過ぎよう。

其の上、更に始皇帝は**通貨を統一**し、**車の軌幅を統一**した。

軌幅の統一。古代、いや前近代的中国では大きな意味を持つ。

此の時代の道路、舗装等されていないから、馬車が通ると車の跡が残る。是れを轍と言う。後の車は、此の轍を線路代わりにして走るのだ。だから、軌幅が違うと馬車は通れない。是れを統一すると言う事は、全国の道路全て相互乗入れ、何処へでも一つの馬車で行けると言う事だ。もし日本の鉄道の軌幅が全て標準軌幅（所謂広軌四フィート八インチ五）であったとすれば、東北新幹線は、リレー号の必要もなく、大宮―上野間開通を待たずして、上野から始発できたであろう。明治時代、軌幅を狭軌（三フィート六インチ）にしたツケが、こんな形で、今、廻って来ている。

あれや是れやと、始皇帝の天下初統一の持つ意味は、計り知れぬほど大きい。

最近、「暴君」始皇帝の評価が、頓に上がって来ているのも故なしとしない。

悪いのは家庭環境と言う嘘

此の大功績に比べたら、焚書坑儒くらい何だろう。

其れ以前にも其れ以後にも、戦乱に因って貴重なデータが失われた方が、始皇帝一人の手になる焚書等と比較にならないほど多い。ちょっと考えただけで、当たり前の話で、学者に教えて貰う必要もあるまい。

坑儒と言っても、始皇帝が生き埋めにした四百六十余人の学者、生かして置いたからとて、どうせ大した業績が上がるでなし、文化史的に言って、死んで貰って、少しの差し障りのある人は、一人だっていはしない。現在、日本の大多数の雨後の竹の子の如き大学教授や文化人と呼ばれる人々の様な者だと思って頂いて宜しい。

始皇帝の大統一に依って、中国は初めて一つの国、いや国と言ったのでは大き過ぎると言うならば、初めて一つの帝国となった。

秦の始皇帝の遺産は、其の後、歴代の王朝に踏襲されて、多少の変更（minor changes）を加えただけで、辛亥革命まで、中国人最大の資産となった。いや、部分的には四九年革命まで、或いは今でもと言っていいかも知れない。

皇帝システム、郡県制、文字、度量衡、軌幅……等、何千年にも亘って、中国人に使用され、国民生活と文化を支えて来た。

日本人も随分と恩恵を受けている。特に、思わぬ所に於いてだ。

頼山陽は、日本外史の冒頭に於いて、「……それ封建の勢のきざすところ久し」と言っているが、封建時代の日本人も、自分達が今、どんな特殊な社会制度の下に住んでいたか、是れを知ることが出来た。其れであればこそ、廃藩置県なんて言う発想法も出て来るのである。是れも、畢竟、**始皇帝の余沢である。**

荻生徂徠が正しく理解し、丸山真男が引用した様に、「制度を作る人」が聖人であるとすれば、秦の始皇帝は、正に聖人である。

彼こそ、古代に於いて正しく、「作為の契機」（社会も制度も人間が勝手に作る事が出来る事）を理解していた近代化の先駆者である。

シュテファン・ツヴァイクは、「権力と闘う良心」（Ein Gewissen gegen die Gewalt：Gastellio gegen Calvan）に於いて、如何にして宗教改革のリーダーたるカルヴァンが、反対者セルヴェートを虐殺し、カステリオンを焚殺（焼き殺す）したか、其のプロセスを詳しく記述しているが、斯くも残虐極まりないカルヴァニズム。其のカルヴァニズムの倫理が、資本主義の精神の発生に於いて演じた、限りなく重大な意義、是れは、ヴェーバーが主張する所の事である。

カルヴァニズムが持つ致命的重要性は、其の独自の予定調和説（predestination）に依って、近代社会誕生の為に必要欠くべからざる「作為の契機」、是れを確立した事にある。

ヴェーバーにもし余命を貸し、秦の始皇帝の業績に接ししめたならば、恐らくは、絶賛おく能わざる所であったろう。

斯くの如くも偉大なる秦の始皇帝やローマのネロを生んだのは、誰れも、淫乱この上もなく

「人倫」に悖り、世のあらゆる「悪徳」を身に付けざるはなかった、そして最後には、我と我が息子に撓垂れ掛かって、近親相姦に誘おうとした、そう言う母親であった。

此の世の「お母さま」方よ。

家庭が良ければ子供が良くなる。

夫婦仲が良いことが子供を非行に走らせない秘訣だ、親の誠意はやがて子に通ずる、なんて言う戯言が如何にインチキなものか、是れでお分かりの事であろう。

秦の始皇帝とネロこそ、最悪の家庭環境から、一人は中国史上比類なき、一人は、初め曠古の（今までにない）名君と讃えられた偉大なる帝王が育い立って行ったのであった。

2章

為政者は後世に何を遺せたか

煬帝死すとも大運河は残る

十八史略に見る父親殺し

名君にして暴君。

いや、史筆（歴史家の文章）に於いては暴君とされながらも、其の実、大変な名君、其の様な例として、西洋からはヘロデ王、東洋からは、隋の煬帝、唐の武則天（俗称・則天武后）、此の三人に出て来て貰おう。

ユダヤのヘロデ王と言えば、悪王の代名詞である。

「〝太閤〟は秀吉にとられ、〝大師〟は弘法にとられ、〝黄門〟は光圀にとられ」式にゆくならば、「〝暴君〟はネロにとられ、〝悪王〟はヘロデにとられ」と言う事になろう。

しかし、ヘロデ大王と煬帝、武則天とを較べると、人物と手腕に於いて、ヘロデ大王に軍配が挙がるのではないかと思われる。

とは言っても、煬帝と武則天も、史上稀にみる面白い人物である事、是れは間違いない。統治していたのは世界最大の帝国で、ユダヤ王国なんかとは何桁も違う。

扨て、隋の煬帝。彼ほど評判の悪い皇帝も珍しい。

父親の隋の文帝が、四百年にも亘って乱れに乱れ、分裂を重ねて来た中国を統一して、中国は隋一国となった。

是れは大した業績だが、文帝は吝嗇（けち）、彼の皇后・独孤は最大クラスの焼餅焼き、文帝は、折角天下の主になったのに、ウカウカ妾も持てない。一夫多妻制は、古代中国の習慣の一つで、特に悪い事だと考えられてはいなかったのだ。しかし女性にとって愉快な制度でなかった事、是れは確かだろう。社会倫理が許そうが許すまいが、独孤皇后は断じて許さない。文帝の妾を見付けたが最後、皇后が皆な殺してしまう。

古代中国では、一夫多妻制とは言いながら、正妻と妾とでは、其の地位に天地の開きがあった。妾は正妻に殺されても反抗が出来ない事になっていた。それでも、こんな事が滅多に起こらない理由は、夫と妻との間にも開きがあったから、天である夫が許さないからである。

夫が妻の尻に敷かれてしまったら、妾こそいい面の皮。ドラ猫の前の二十日鼠みたいな存在になってしまう。

だが独孤皇后、少々、いや大いに異常だ。自分達の夫婦関係だけなら、「焼餅焼きも当人の勝手でしょう」ともなるのだが、ご丁寧にも、他人の分まで焼いてやるのだ。

臣下の中で、正妻より妾を可愛がっているなんて事が皇后にバレたら一大事、出世が差し止められてしまう。若い妾に現を抜かして、永年連れ添った糟糠の妻（貧苦を共にした妻）を放りぱなしにして置くのが見つかったら、先ず、軽くて追放。

正妻を離婚して、後釜に妾を座らせたら死刑は覚悟しなければなるまい。

ヤキモチも、此処まで来ると、有り難迷惑、いや、正真正銘の迷惑だ。

文帝の太子は、始めは長男の勇であった、しかし、後に煬帝となる弟の広は、何としてでも太子になりたい。彼は、母の性格と親の夫婦関係をよく飲み込んでいたから、物質生活を倹素にし、性生活を慎しんだ。其の上、文武両道に励み、臣下にも遜って、臣下の間の評判を良くした。是れは必ず皇帝・皇后の耳に入るはずだ。此の様にして、上手く猫を被ってチャンスを待っていた。

兄の勇の方は、「親の心、子知らず」、いやそうじゃない、どうしても親父・お袋の心理が分からない。日夜、多くの美女を弄びながら大酒を呑み、贅沢三昧に暮らしていた。是れでは、ケチを以て尊しとなす皇帝と、他人の分までヤキモチを焼いてやる程の皇后の気に入る訳はない。

隋・皇帝系図（楊家）

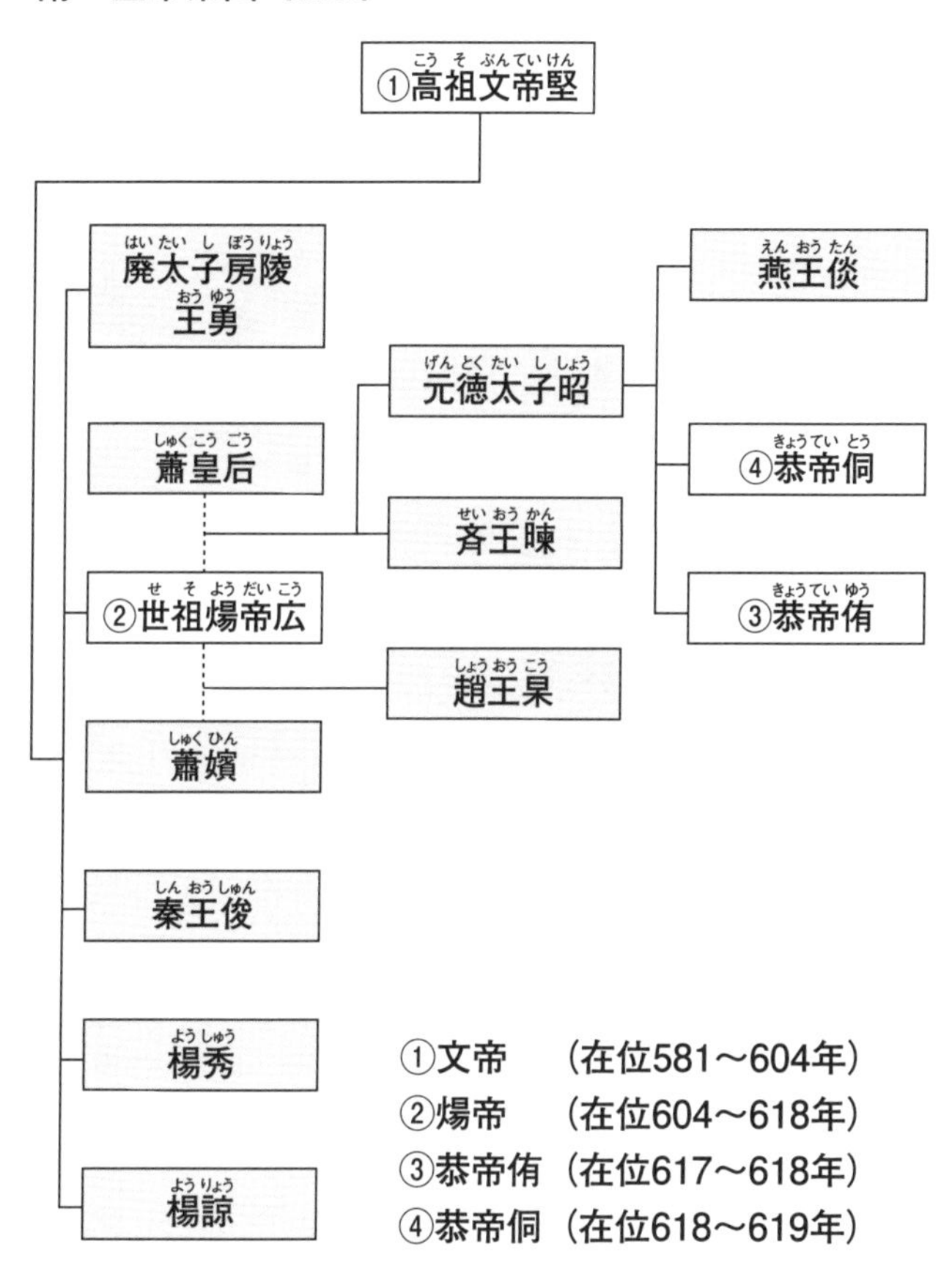

①文帝 （在位581～604年）
②煬帝 （在位604～618年）
③恭帝侑（在位617～618年）
④恭帝侗（在位618～619年）

こんなドラ息子に跡を継がせられるかと、勇は廃され（首になって）、お鉢は自然と広の所へ廻ってきた。全く思う壺とは此の事かと思っていたら、其処は猫被りの化けの皮が剥がれる時が来る。

文帝が重い病気に罹った。

広は、しめたとばかり、「早く死んでくれないかナア」と待ちに待っていると、思う以上に事はスピーディに進んで、病は、増々重く、余命幾許もなくなってきた。

「嗚呼、嬉しや！」とばかり浮かれた途端に、化けの皮が剥がれた。

長い間の猫被りで、溜まりに溜まった欲求不満が爆発したのだ。ニャンとも言わず、父の愛妾陳夫人（宣華夫人とも称される）に飛び付いた。彼女は、必死に逃れて、文帝の病室に駆け込んだ。余りの事に、驚きの余り声も出ないのだ。だが、目に涙が光っていた。

是れを見咎めた文帝が、一体どうした事かと訊くと、彼女は、「太子が無礼な事をなさいました」と言った。

是れを聞いて文帝は、事の重大さを了った。

「畜生！　独孤われを誤まてり」＝独孤皇后の度の過ぎたヤキモチの為にとんだ事になったと叫んで、元の太子・勇を呼びにやらせようとした。勿論、広を廃して勇を復活させる為だ。

しかし、其処が悪賢さでは決して人後に落ちない太子・広の事、古代ＣＩＡ（？）とも言うべき、いや、是れは少々言い過ぎか、でも至る所にスパイ網が張り巡らされている。広は、最早一瞬の猶予も許されない事を知った。広の運命は一髪の間に懸かっている。

そこで広は、勇を呼びに行く家来を投獄し、父親・文帝を絞め殺した。

そして、即位すると直ぐ、楊広こと煬帝は陳夫人を自分の後宮（妾の部屋）に入れた。

煬帝の父親殺しは真実か

扨て、右は、『十八史略』をスケッチしたのだが、明治時代の有名な漢学者、久保天随は、此の件に注を付けて、「父を弑し（殺し）、その妾を奸す。正にこれ畜生」と言っているが、要するに、煬帝は中国人が最も悪いとしている事を二つも重ねて治世をスタートさせたのだった。父を弑すのが悪い事（尊属殺人）は、何処の国だって同じだが、父の妾を相続する事、是れを中国人は、野蛮人の習慣だとして、最も忌み嫌う。

是れでは、歴史家の人気の出よう筈がない。

日本でもずっと、徳川時代から明治になっても、煬帝は大体こんな男だと思われてきた。そうだとすると、「母殺しネロ」と「父殺し煬帝」。親殺し皇帝の東西チャンピオンと言う事になる。

だが、其の動機や理由は兎も角、ネロの「母殺し」は、歴史家の認める事実だが、煬帝の父殺しは、本当なのか、フィクションなのか分からない。

今では、フィクションなのではないかとの説が有力である。

正史の『隋書』には、煬帝の父殺しの事ばかりでなく、何等それを暗示する事も記載されていないからである。

『十八史略』は、史記、漢書から新唐書、新五代史に至る十七の正史と続資治通鑑長編とのダイジェストだと言う事になっていたのだが、是れで実はそうでない事が分かった。

稗史（民間の話）が、随分と入り混じっている。昔の日本人も、『十八史略』は正史のダイジェストだと思って読んでいたので、煬帝治世始めの伝説が成立した事なのだろう。

ところが正史の『隋書』を読むと、印象は一八〇度とまでは行かずとも、一三五度くらいは転換する。文帝の遺詔（天子の遺言）があり、太子・広を褒め称え、孝行息子で、行ないも凄くいい、とある。

此の遺言を書かせてから絞め殺したか？

ミステリーなら、こう言う推論も成り立つが、何しろ、其れを裏付けるデータがない。

大国・隋の領土

文帝は、晩年、何事も太子と相談して政治を行なったとあるから、余程、信頼関係が深かった事は確かだ。

普通中国の皇帝は、死ぬまで、政治の事で太子と相談なんかしないものである。

文帝が死ぬ時も、主だった家来達と、一人一人握手して泣いて別れを告げ、其の三日後に死んだとある。もう少し待てば文帝は確実に死ぬ事は、誰の目にも明らかであった。そうすれば、天下は自分のもの、長い間、苦心して猫を被り通した太子・広ほどの者が、もうちょっとが待てなくて、父の愛妾にちょっかいを出したり、況して死んでゆく父をわざわざ絞め殺したりする必要が何処にあるだろう。

陳舜臣氏は、「大浪費をおこない、亡国への道を歩んだ煬帝を貶めるため、あとで紙逆物語がつくられたのではあるまいか」と言っているが、同感だ。

贅を極める宮廷

煬帝の大浪費。

是れは、歴史家も認める歴きとした事実である。

何事も日本とは、丸で桁違いなのだ。

周りが十余里と言うバカでかい池を造った。沢山の島があって、其の各々に、山あり、川あり、谿あり、また池があり、一個の独立した世界がある。

山上には華麗を極めた宮殿がある。「池」と言っても、日本の池とは、桁が違う。

日本で「池」と言えば、小さければ、金魚鉢を少々大きくしたみたいな庭の埋込み池。此の程度の池なら、トラックで運べる。どんなに大きくても、不忍池か、石神井池くらいのもの。池に浮かぶ舟と言えば、精々二人乗りのボートくらい。

中国の「池」は、とてもそんな規模ではない。

「池で軍艦が海戦の演習をする」等と言う文章は、日本語では成立しないが、中国の史書（歴史の書物）には、そんな記述が、可成見出される。

とは言っても、真逆連合艦隊や第一航空艦隊が演習できる様な池、戦艦大和が航行できる程の池、幾ら中国だって其処までは造れない。が、しかし、当時の軍艦が水戦の演習が出来る池、是れなら造れた。

当時の軍艦と言ったって、そうナメ切ったものではない。

是れはもう屋形舟なんてものではない。

三国志のスター、魏の曹操は、南方の呉を攻めようとした。しかも、呉は、長江（揚子江の本名）の向こう側にある。激烈な水戦を覚悟した彼は、其の演習の為に、大きな池を掘らせたと三国志に書いてある。此の種の池は、日本的センスでは、池でも沼でもなく、湖水だと思えばいい。其れも、可成大きな湖水だ。

こんな物を人力で掘る為に、どれだけの労働力が投入されたか、ヴェルサイユ宮殿やシェーンブルン宮殿の造営等とは、初めから、比較にも何にも、なったものではない。

幾ら当時の中国の経済力が世界に冠たるものがあったとは言え、可成堪える。

人民が、油搾機にかけられた大豆の様に、絞りに絞られた。是れは、言うまでもない。

こんなにまでして造った池の使用目的は何か。

此の池に濯ぐ川の傍に凄い宮殿を十六も建て、天下から選りすぐった美女を、一人ずつ住まわせる為だ。

煬帝は、気の向いた島を訪ねて行って、此の天人の様な美女と、心行くまで戯れる。其の目的の為に造られたのであった。

是れに比べたら、ルイ十四世なんか、恥ずかしくって、裏からコソコソと逃げ出す事だろう。目白の（田中）角栄御殿なんて犬小屋みたいなものだ。

大運河は中国の歴史を変えた

煬帝の名前に結び付くものと言えば、何と言っても大運河だろう。

運河と言えば、英国で印象的な事は、国中に張り巡らされた運河である。運河伝いに、何処へでも行ける。日本では、想像も出来ないほど運河がある。

では、其の必要性とは。

イギリスでは、産業革命以前、既に資本制社会が成立していた。

産業革命に因って資本制社会が成立したと言うのは俗説であって、本当は、因果関係は逆で、資本制社会が成立したので、其の機能的要請から、産業革命が起ったのである。

技術が社会を作り変えるのではなく、社会的要請が技術を生む。

最近、テクノロジカル・アセスメント（Technological Assessment）と言う事がよく言われるが、必要に応じての技術革新の計画の事である。

こんな言葉こそなかったが、事情は、何時の時代でも同じ事だ。アメリカの資本制経済が爛熟期を迎えようとしていた頃には、エジソンの様な発明家が続出した。

フォード一世等も其の一人である。

また、是れとは逆に、科学の学問水準が高くても、社会的要請がない事には、是れを応用した技術は生まれて来ない。また、生まれて来たとしても、直ぐに死んでしまって発展成長する事が出来ない。

是れに対し、英国に於いては、産業革命以前に資本制社会が成立した。そうするとどうなる。技術が元の儘でも、生産力は飛躍的に向上する。そうすると、厖大な量の商品、マルクスの言う、途方もない商品の集積（Ungeheure Warensammelung）が現れ、流通する。

馬ではとても運び切れない。どうしても運河が必要になって来る。

英国に、世界で初めて鉄道が開通するのが、一八三一年、リバプール・マンチェスター線である。資本制社会の方となると、一六九四年に英蘭銀行（The Bank of England）が成立した事にシンボライズされる様に、十八世紀に入ると、既に成熟していた。

英国が、運河時代に入るのは、十八世紀後半からである。

中国では、五世紀頃から、運河時代に入り、隋の煬帝は、大運河を造った。

中国の運河は、イギリスやアメリカに比べても、広さと言い、長さと言い、丸で桁違いである。

イギリスの場合、十八世紀末に、産業革命の幹線運河リーズ・リバプール運河が造られたが、其の長さは約二百キロである。西側の港リバプールと東側の港ハルとの間に運河が開通したのは、十九世紀に入った一八一五年であるが、此の運河の長さも、二百余キロである。

産業革命の担い手たる英国の運河さえも隋の煬帝が造った大運河に比べると、巨人の前の小人だ。

邗溝（長江↔淮河）が約三百キロ、江南運河（江蘇の鎮江↔杭州の浙江）が約四百キロ、通済渠（洛陽↔江蘇の清江）が約千キロあった。合計すると約千七百キロにも及ぶ。

是れ等全てが煬帝が造った物ではなく、以前からあった物を繋いだり、拡大したり、そう言う物もあるが、大運河を完成させたのは煬帝である。

中国人民への大いなる遺産

此の運河に依って、世界帝国の都長安は豊饒な江南地方へと通ずる事になった。

因みに、黄河と長江（揚子江）とが結ばれれば、渭水（渭河）に依って長安へ行ける。

此の事の持つ意義は、例え様もないほど大きい。

古来、中国の都としては、長安（鎬京）か洛陽（洛邑）とが用いられる場合が多かった。

此の辺りが、中国文化の中心地であったからである。しかも、長安が首都となれば洛陽は副都、洛陽が首都となれば長安は副都となる。常に都のスペアを置いとくのだ。

長安（現在の西安市）へ行ってみた。凄く暑いのだ。四十度近くあるのではないかと思われた。湿度が低いから何とか凌げるが、其れにしても暑い。其れでいて、冬は寒い。西北から、ゴビの砂漠の砂嵐が吹き付ける。広い中国、場所もあろうに、何でまた、こんなに気候の悪い所から、何千年も都が動かなかったのだろう。

其れは、西域地方との交流に便利だからだ。長安は、シルクロードの終着駅である。

中国文化が、あらゆる点で西域を追い抜くのは、宋代以後であって、其れ以前の時代には、色んな点で、西から来る文化に教えられる所が多かった。

仏教も西域から来たし、椅子と机とベッドの生活方法も西から来た。

当然、漢代以前には、此の辺りが、文化も経済力も高く、南方は、未だ、未開地で人口も少なかった。此の事は、三国志を読んだだけで直ぐ分かる。

曹操の魏と孫権の呉とは、面積は余り違わないのに、魏の方が、何に付けても圧倒的に有力で、対等でなく、大国と小国の関係であった。

其れが、漢滅亡から隋の大統一までの四百年の動乱によって逆転した(尤も、西晋に依る短期間の統一はあったが)。此の四百年の間、大体文化の高い漢民族は南方に追い払われ、北では、文化の低い異民族が暴れ廻っていたからである。

嘗ての未開地方であった南は、文化でも経済でも高度成長を遂げ、人口も激増した。中でも、経済力では、完全に北を追い抜いた。其の理由は、技術の向上と増加にも因るが、北は麦作地帯である事が重要である。米と麦では、丸で生産性が違うからだ。

宋代になると、此の経済力の格差は増々大きくなって、文弱な南宋が、武力の強い遼や金に十分拮抗し得たのも、此の大きな経済力に支えられたからである。

隋の頃には、未だ、其れ程ではなかったが、経済力の格差は、既に顕著なものがあった。

だが、天下統一を成し遂げたからには、矢張り都は、〝永遠の都〟長安にしないといけない。

此の時代の人は、そう思っていた。

三国鼎立時代のアジア

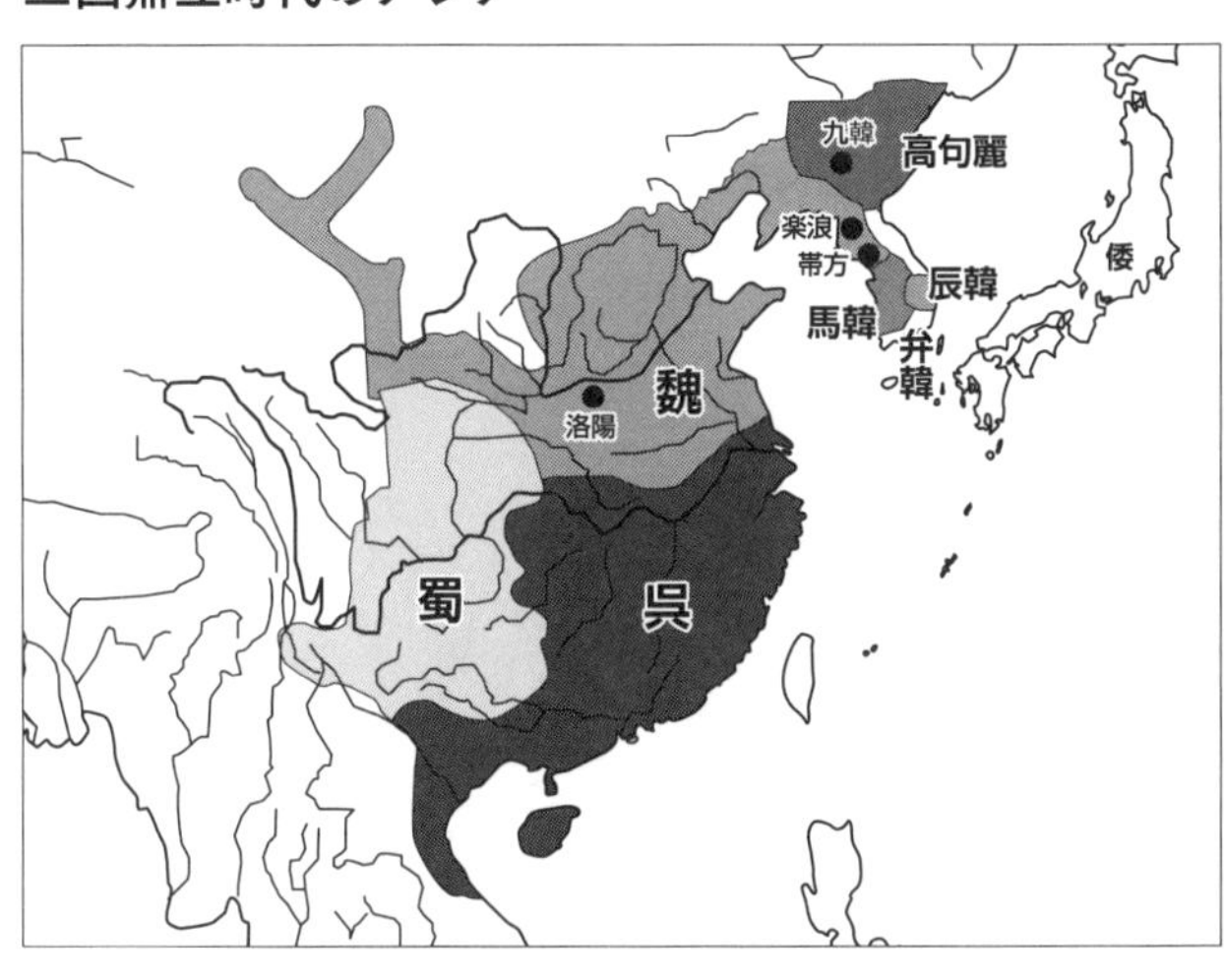

隋は都を長安に定めた。こうなると、どうしても、豊かな南の物産を北に運んで来る必要が生ずる。馬では運びきれない程、中国の経済力は大きくなっていた。産業革命前期のイギリスみたいなものだと思えば良い。

しかし、イギリスの場合には、間もなく鉄道が発明されるから、運河は無用の長物になってしまうが、中国には、其の後も、産業革命は起きず、鉄道が発明される事もなかった。

煬帝(ようだい)の造った大運河は、其の後も、中国経済の大動脈となり、不可欠最重要なものとして活動する。

大運河が中国にとって、如何(いか)に致命的重要性を有するかは、宋が都を開封(かいほう)に定めた事だけを見ても明白だろう。此処に、運河の結節点があるからだ。
現在でさえも、「大運河」が極めて重要な事は、人民中国政府が、大規模な浚渫（底ざらい）作業をした事を見ても明らかである。今ですら、交通に灌漑（田畑の水やり）に、中国人民の為に大きな貢献をしている。

古代人類が行なった最大の土木工事は、秦の始皇帝の万里の長城と隋の煬帝の大運河であり、是れに比べると、ピラミッド等、丸で象の前のネズミだ。

其の他の「世界の七不思議」など、比べるのがどうかしている。其の不思議さを今、一応別にすれば、工事の規模に於いては、何れも足元にすら及ばない。

万里の長城の方は清以後は不用化し、ピラミッドなど始めからどんな役に立ったか分からないのに、**煬帝の遺産は、斯くまでも人民の為に尽くして来ている。**

酷使された人々も、以て瞑すべく、中国人民は、此の暴君に大きな感謝を捧げるべきである。

武則天、血塗られた権力の階段を上る

中国に女帝はいなかった

ヘロデ大王に付いても、同様な事が言えるのであるが、其の前に、暴君即ち名君の中国版としてもう一人、武則天（則天武后）を挙げる事にしたい。

彼女は、中国の歴史で、唯一人の女帝、女の皇帝である。

中国では、絶対に女の君主を認めない。其の証拠に、王や皇帝の女性名詞がない。

また、女皇帝、女王と言う言葉もない。皇帝も王も男性名詞だ。尤も、「女王」と言う言葉はあるが、意味が違う。石油王、自動車王、脱税王……と言うみたいに、女の中の王みたいな者と言う意味である。

武照（姓は武、名は照。後の武則天。俗称は則天武后）は、此の有り得ない事を成し遂げたのだから、正に、奇蹟の女性と言える。

其の後、歴史家は、千年にも亘って彼女を、悪女、鬼婆の代表としてきた。

彼女の残忍非道な側面だけで見れば、確かにそうは言えよう。しかし、其れだからと言って、彼女の上げた曠古の（今までにない）大業績を忘れるとすれば、是れは公平を欠いた批判だと言わなければならない。

ヘロデ大王に比すべき人物を東洋に求めるとすれば、彼女以外にない。

彼女は、中国でも日本でも、女性権力者の三傑として漢の呂太后、清の西太后と比較されるが、丸でスケールが違うし、此の二人は皇后止まりであって、自ら皇帝になったわけではない。

隋の煬帝は、大運河と言う貴重この上ない遺産を後世に残すが、余りにも放蕩の限りを尽くした為、近衛兵に攻め殺され、巨大な隋帝国も滅んでしまった。

是れに比べ、**彼女は中国の黄金時代を齎し、唐帝国の基礎を揺るぎないものと成し、彼女の死後も唐は隆々として栄える。一言で言えば、彼女は、太宗皇帝の貞観の治をテイクオーヴァーして、玄宗の開元の治にバトンタッチしているのである。**

其の役割も果たしているが、**彼女自身の治世もまた、中国史の絶頂を成す。**

「貞観の治」「開元の治」と言えば、良い政治のサンプルみたいに言われているが、彼女の治世もまた、決して是れに劣るものではない。著者は、より優れていたと思う。

しかも彼女は名門の出ではない。門閥全盛の南北朝からそう隔たっていない当時の事、是れは重大である。女である事、此の二つのハンディキャップを克服して皇帝となり、中国に空前絶後とも言うべき繁栄を齎した点に於いて、秀吉も及ぶまい。

如何にも、天下を取るまでの秀吉の活動は、目を見張らせるに足るものがあったが、天下を取ってからの彼の施政には失敗が多かった。

女が権力の階段を上る時

扨て、後の女皇帝・武照は、美貌を見込まれて、十四歳で太宗の後宮（ハーレム）に入った。十四歳と言っても、昔の中国では所謂「数え年」だから、今で言えば十二か十三、中学一年生である。随分早いと思うかも知れないが、革命以前の中国では、そう珍しい事ではない。

武照は、太宗には、余り可愛がられなかったらしく、子はなく、太宗の死後、仏寺へ入って尼になった。普通なら、彼女の生涯は終わったも同然である。

偶々、寺に来た新帝・高宗李治に見初められたのであった。

彼女の様な「女傑」は、大英雄である太宗好みのタイプではなくても、如何にも弱々しい感じの高宗には、却って魅き付けられるものがあったのだろう。

とは言っても、隋の煬帝の所で述べた様に、父の後宮にいた女性が、また息子の後宮に入る事を、匈奴みたいだと言って忌み嫌う。況して、今や尼になっている。

煬帝ほどの意志の強い実力皇帝であれば、世間の思惑なんか気にしないかも知れないが、気力も意志も弱い高宗、此の女をわしの後宮に入れろとは、言い出し兼ねて悩んでいた。

だが、武照は、運の強い女である。王皇后と蕭・淑妃（貴妃の次、第二位の妃）とが死活の争いを繰り広げていた。高宗は、特に蕭淑妃を愛していた。是れだけでも王皇后にとって不快千万なのに、王皇后に子がいないのに、蕭淑妃の方は、第四子雍王・李素節の他、二人の女児をも生んでいる。

権力者の後宮に於いて、子を生んだ女性と子なしの女性とでは、天地の開きが生ずる事は、徳川時代の大奥を思い出して頂くとよい。

王皇后は、蕭淑妃を殺してやっても足りないほど憎み、日夜、「打倒！　蕭淑妃」の作戦に肝胆を砕いていた。其の為なら、どんな事でもしよう。

其処へ、高宗が尼となっている武照を見初めた、とのニュースが入った。

是れだ！　と彼女は飛び上がった。嫉妬に狂った女だ。事の善悪なんか、もう眼中にない。

直ぐ様、皇后の指示で武照は還俗（僧籍を離れ、俗人に戻ること）させられ、晴れて高宗の後宮に入った。

唐時代の後宮(ハーレム)の職官制度

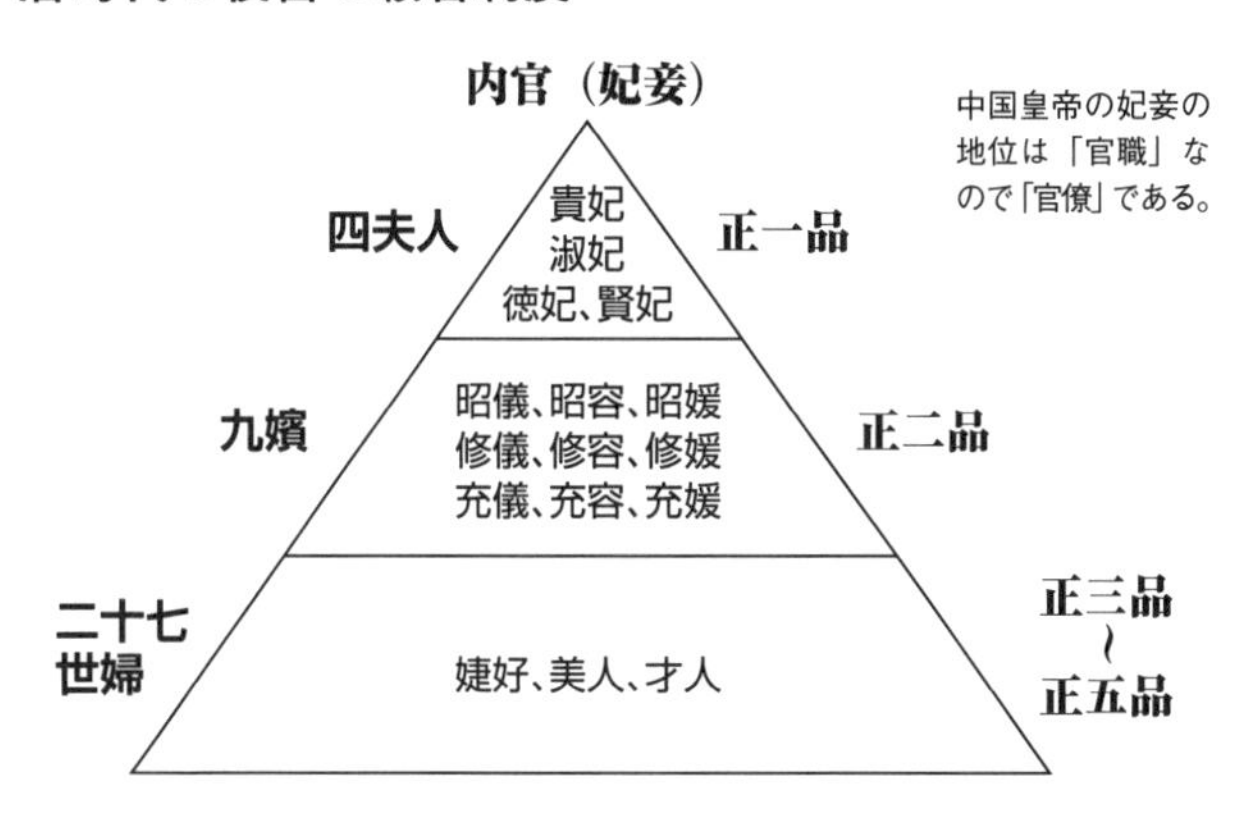

こうすれば、蕭淑妃から愛情を奪い取り、高宗からも武照からも感謝されて、目出たし目出たし、となるはずである。

特に武照にとっては王皇后は大恩人。武照が此の世に帰れたと言うのも、是れ全て皇后のお陰。是れを忘れたら畜生も同然。今後、武照は絶対に皇后に逆らえぬはずと計算した。

しかし、此の計算、入れるデータを取り違えたコンピューターの様に、とんでもないアウトプットを生み出す事になる。武照は、普通(ただ)の女ではなかったのである。

飽くなき権力への執念が野望を実現

武照は、先(ま)ず、必死になって恩人、王皇后の歓心を買うべく努(つと)めたので、皇后はすっかり気を許してしまった。

高宗の心が蕭淑妃を離れ、武照にメロメロになるのに時間は掛からなかった。

実は高宗、皇子の頃から、父の後宮にいた彼女に惚れていたのだが、幾ら「才人」とは言え、真逆父の妾を口説く訳にはゆかない。其の彼女を苦心の末に手に入れたのだから、当然の事である。況して武照の手練手管、あっと言う間に、他の女の存在なんか目に入らなくなってしまった。

次いで武照は十一階級特進で、昭儀（皇后と妃以外では最高位の妃）に抜擢された。高宗皇帝はもう、王皇后が何と言おうが、てんで相手にしない。

武昭儀の言う事なら何でも聞く。

怒り狂った王皇后は、昨日の敵、蕭淑妃と同盟して、武昭儀降ろし作戦を展開した。

しかし、風見鶏は、自民党では成功しても、後宮では場違いもいい所。

第一、人数が二倍になったからとて、戦争じゃあるまいし、戦力が二倍になるものではない。

嫌いな女が何ダース寄って集ろうが、好きな女一人に敵わないくらいの事が分からないか。

武昭儀の作戦は、普仏戦争に於けるモルトケの作戦の様に水も漏らさぬ布陣で展開される。

先ず、誰にも愛想良く振る舞い、雑務をする女達とも、別け隔てなく付き合い、皇帝からの

大唐帝国の領土

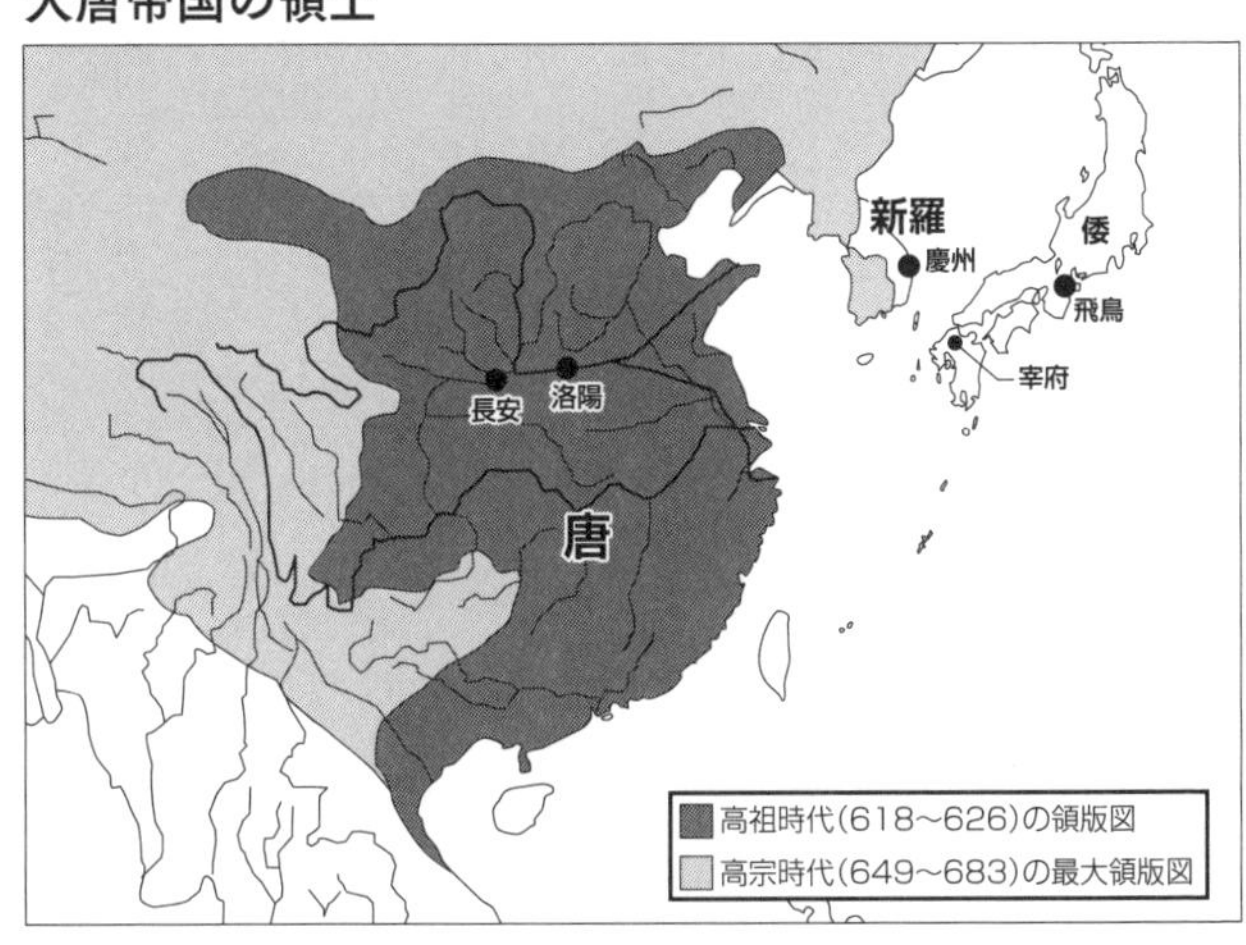

賜物も分けてやったりした。何しろ相手は昭儀様と言う高い身分のお妃、女供は、イチコロで彼女に参ってしまった。

彼女のスパイ網は後宮全体に張り巡らされた。後宮のKGB長官と言った所か。

彼女は皇后になる野望を抱いた。しかし、是れは難しい。幾ら、皇帝の愛情を一身に集めていると言っても、其れと是れとは別問題である。

中国の皇帝の妻の地位は一種の官僚であるから、幾ら専制的皇帝と雖も、一存で動かし得る程度は限られている。況して、皇后を取り替えるとなると、是れは国家の一大事、誰もが納得できる理由なしに強行しようものなら、下手すると、大臣のストライキを招き兼ねない。

高宗も、王皇后に、とっくに愛情は冷め切っていても、廃する気持ちは少しもなかった。

武昭儀の王皇后降ろしは、福田の三木降ろしなんかよりも、何倍も困難なのであった。

しかし、其処が歴史上、陰謀の名人として隠れもなき武照の事、福田の様なドジは履まず、角栄的エネルギーを以って突貫した。

彼女が女の子を生んだ。水面下でこそ今や仇敵だが、女の争いは表面には出ないもの。早速、王皇后は見舞いに来た。が……。

赤ちゃんは、絞め殺されて死んでいた。

武昭儀は、映画やテレビならわっと泣いて高宗の胸にしがみ付くところ。

犯人が王皇后である事は直ぐ分かる。

高宗は怒り猛った。

皇帝たるワシをナメるにも程があるぞ。

司馬光の『資治通鑑』に依ると、武昭儀は、王皇后が帰った後、直ぐ部屋へ戻って、我が子を絞め殺した、と言う事になっている。如何に司馬光、偉大なる歴史家と雖も、何百年も後に、どんなデータに基づいて、こんな事を断言できるのか。

と言いたくなるだろうが、其の頃の中国の学者は、政治家、哲学者の他、講釈師も兼ねてい

唐（李氏）略系図（玄宗まで）

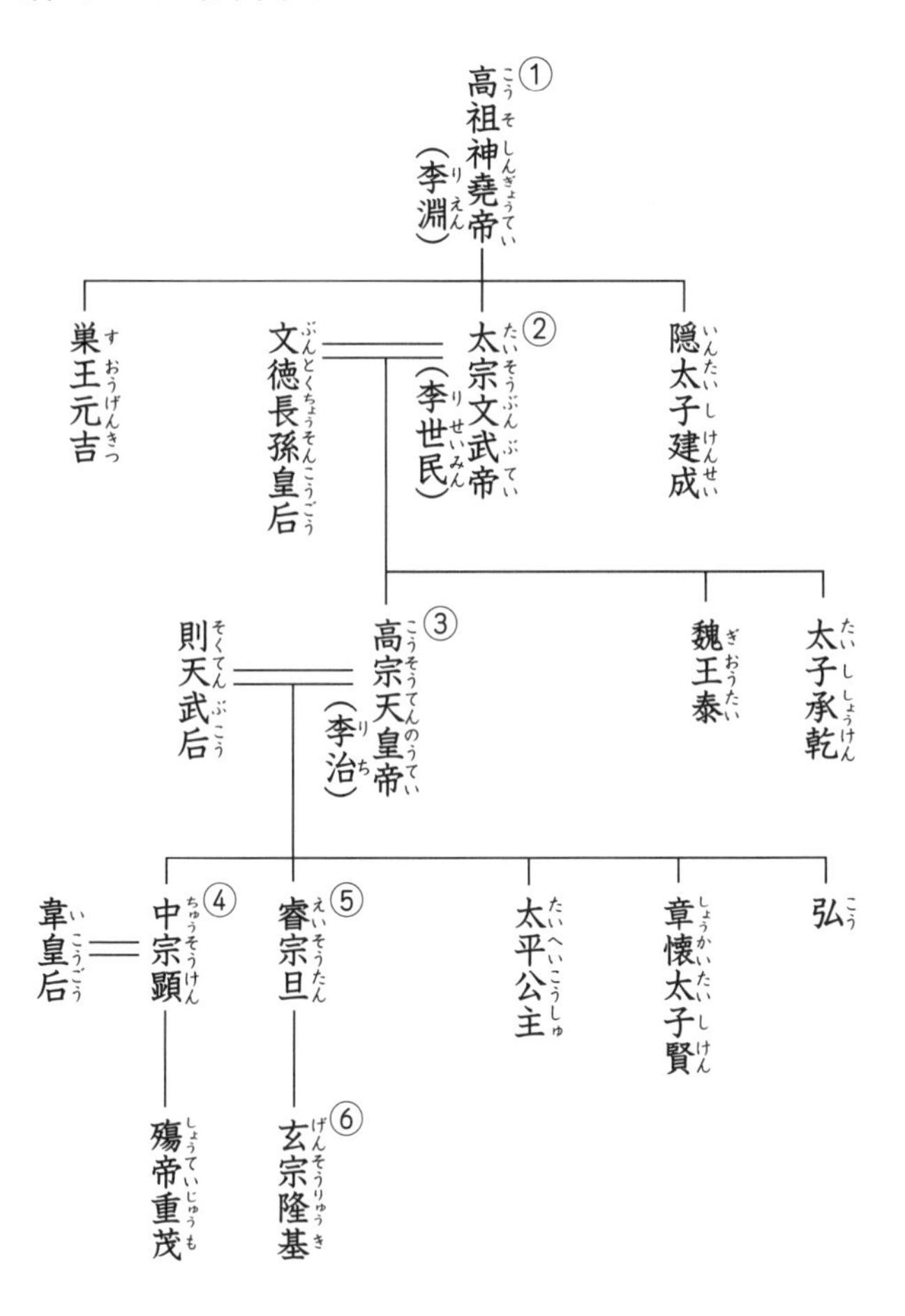
①高祖神堯帝（李淵）
巣王元吉
文徳長孫皇后
②太宗文武帝（李世民）
隠太子建成
則天武后
③高宗天皇帝（李治）
魏王泰
太子承乾
韋皇后
④中宗顕
⑤睿宗旦
太平公主
章懐太子賢
弘
殤帝重茂
⑥玄宗隆基

たのだから、「見て来た様な事」を言ったからとて、非難する方が野暮と言うものだ。

ところで、此の王皇后、史上最大の名君と言うブランドで売り出している唐の太宗が、自ら選んで夫婦せ、死ぬ時も、重臣を集めて、「どうか此の間抜け息子と彼の嫁さんを頼むぞよ」と言った。となると、王皇后の地位、極めて重いのだ。

此処ら辺、現代人の想像を絶する処だと思うが、要するに、そう言うことだ。

王皇后を廃する（首にする）なんて言ったら、太宗の遺詔を盾に、重臣供が、寄って集って、陛下ご乱心。「其れはなりませぬぞ。そんなことなさったら、我々重臣一同、太宗様にとっちめられてしまいます。武昭儀がそんなにお気に入りでいらっしゃいましたら、可愛がるのは陛下の勝手でしょう。しかし、別に皇后を廃さなくても」と言って、猛然と反対して来ることは目に見えている。

「其れなら、別に、皇后様とベッドを共になさらなくても、其処までは何とも言いませんから、其れで実質的に同じ事では」と、此処まで品のない事を史上有名な唐の名臣達が言うかどうか、これも保証の限りではないが、言わなくたって、此の意味である事は明らかだ。

史上名高い太宗の名臣軍団。

其の反撃を、高宗は恐れに恐れたが、是れも武昭儀の政治力で解決する。

スターリンも顔負けの凄い粛清

皇后になると、武照、いや今や武后は、スターリンも舌を巻く様な、大粛清を始める。と言うのは、スターリンの様に、余りにも露骨で、世界の人々の顰蹙を買うと言う遣り方でもなく、また、トハチェフスキー元帥らを銃殺する事に依って、ソ連軍の戦力を激減させる愚も犯す事なく、太宗の名臣達を、次々に失脚させていった。

と書いてみれば是れだけの事だが、〝太宗の名臣〟ともなると、隋と唐との王朝交替の動乱を潜り抜けて来た人々である。一筋縄で行く様な柔い人物は一人もいる訳がない。

褚遂良、長孫無忌、于志寧……等、後世に名を残す様な太宗の名臣達が、王皇后支持、或いは、態度をはっきりさせなかったと言う理由で、次々と、其の地位を追われていった。とは言っても、是れは容易ではない。

彼等は、唐の建国に大功を立て太宗が選りすぐって高宗の為に残した人々である。

更にまた、長孫無忌、褚遂良の様に高宗を位に就けるに当たって大功のあった人もいる。

武后の遣り方は陰険である。武后に尻尾を振って来た者を次々と引き上げて高官とし、機を見て、彼ら「名臣」達の罪状をでっち上げて高宗に報告させる。

何と言っても、高宗の信頼厚い「名臣」達の事である。高宗も、初め中々信じない。

しかし、武后派の高官は、次々と、「謀反の計画に加担しました」とか何とか、権力者が最も神経質になる様な口実をでっち上げて誣告（虚偽を言い立てて他人を陥れる）する。

裏では、武后自身が、是れを支援して高宗を絞め上げる。

此の様に、ヘラヘラとよく動く口と、風俗嬢も顔負けの武后のテクニックとに日夜挟み討ちにされて、元々、優柔不断なこと近衛文麿（正しくは「あやまろ」）の如き高宗皇帝、扨てどうしたらいいかと悩みに悩んだ。

武后の戦術は巧妙である。

一気に「名臣」達を首にする事など出来る訳がない事は良く知っている。

そこで、罪状を挙げて、大臣を知事に左遷させる。其れも、初めの内は、割合に都に近い地方の知事だが、段々と、辺地へ辺地へと追い遣るのだ。

褚遂良等、最後は、遥か南方の、文化も果つる地・北ベトナムにまで追い遣られた。

会社員でも、専務や常務をやっていた者が、支店長に飛ばされて、挙げ句の果てが、網走支店長、西表支店長に追い立てられたらどうなる。横井英樹以上の神経の持ち主なら別だが、大概は、フラストレーションの果て、死んで終うに違いない。

唐の「名臣」達、誠心誠意、唯皇帝の為、唐のお国の為に、献身的に奉仕してきたのに、こんな事になってしまったと、海部八郎の何十倍か口惜しがった。

其れに酷熱瘴癘の地の気候、老人の体には堪える。病死したり、自殺したり、野蛮人と戦って戦死したり、次々と死んでいった。

情報を握る者が最後に勝つ

有能な名臣を殺したらロクな事にならないのが定石だ。

項羽は范増を殺した故に滅亡した。

スターリンはトハチェフスキー元帥を始めとする有能な将校を銃殺したので、ソ連軍はすっかり弱体化した（二一八ページ参照）。

名臣を追い払った効果は、直ぐ表われるとも限らない。後遺症となって、じわじわと致命傷になってゆくこともある。

カイゼル・ウィルヘルム二世は、治世の初め、建国の大功臣ビスマルクを罷免した。

そうすると忽ち、ビスマルクが苦心の末作り上げた二重保障機構は解体し、ロシアとフランスが急速に接近する。斯くて成立した仏露同盟でドイツ帝国は東西から挟み打ちにされる事となり、第一次大戦で、是れが命取りになった。

聡明な武皇后、此のくらいの事が分からない訳はない。其れにも拘らず大粛清を断行したのは、自信があったからだ。何なら、私が、代わりに政治を行ないましょうと。

大概、**垂簾の政**（女性が権力者となって行なう政治）は、大害あって失敗するのが相場だ。漢の呂太后、清の西太后然り。

しかし、武后は、唐大帝国を隆々として栄えさせ、後の『開元全盛の治』の基礎を築いた。

武后は残酷な事始に、政敵・王廃后と蕭・前淑妃とを、手足を切り落とし、酒甕の中に投げ入れさせた。（田中）角栄が福田（赳夫）を「雨の中でしょんぼりと、悔し涙を流させてやりたい」なんて言うのとはスケールが違う。

王氏と蕭氏の姓まで変えて（中国では女性でもX氏と言う）王を蟒（うわばみ）、蕭を梟（ふくろう）としてしまった。角栄が返り咲いた時、福田赳夫を禍田弱夫に変えてしまう様なものだ。此処までされたら、四谷怪談のお岩さま程度で収まりっこない。蕭氏は、「今度生まれ変わってくる時には猫に生まれ、武照をネズミに生まれ変わらせ、散々に嬲って殺してやる」と言って死んだ。

こうしてライヴァルや反対派の粛清と並行して武后は、自分の生んだ子を皇太子にする策略を企てた。時の皇太子は、陳王・李忠であったが、武后派の高官は、彼を首にして武后の子、代王・李弘を皇太子にする運動を起こした。

もう皇太子は、居ても立ってもいられない。グズグズしてると、王廃后の様に、嬲り殺しにされるに決まってる。命あっての物種と、「今、私に辞めろと言う事は、死ねと言う事だ」なんて未練がましい事を言わずに、あっさりと辞めたいと言って来た。

是れで一件落着。武后の子・李弘は、皇太子になった。是れで武后の地位は、増々安泰となった。

高宗は、人物も大した事がないのに加えて、もう一つ、健康も思わしくなかった。

終に、何の後遺症か解らぬが、直ぐクラクラッとする病気になった。目も段々と見えなくなってきた。

そうでなくても無能なのに、是れでは統治なんか出来はしない。

そこで、高宗は君臨だけを専門にし、統治の実権は、次第に武后の方に収束していった。其れと共に、情報の重要さを知り尽くしている武后は、宮殿全体にスパイ網を張り巡らした。昭儀の時既に、後宮の私設KGB長官の様な存在であった彼女の事、政権を掌握した今となっては、巨大なスパイ網を作るくらい朝飯前だ。是れは直ぐにも役立った。

如何に高宗、ひ弱な男とは言うものの、政治権力を取り上げられ、武后の尻に敷かれて愉快なはずがない。初めの内は、上手く猫を被って高宗に仕えていた武后も、政治権力を握ってしまうと、段々と態度も大きくなり、威張り出すようになった。

高宗も終に我慢できなくなって、武后を廃しようとした。

高宗は、詩人として有名な上官儀首相に命じて、廃后（皇后を首にする）の詔の原稿を書かせた。しかし、武后のスパイは直ぐに此の情報をキャッチして武后の本部に通信した。武后は電光石火の行動を起こし、未だ原稿が机の上に載っている所を取り抑えた。当に危機一髪。「是れは何ですか」と詰め寄られると、高宗皇帝は縮み上がって、「是れは上官儀が勝手に書いた作文で、朕の知ったこっちゃない」と言って、上官儀首相を売った。

上官儀は死刑にされ、彼の一族は奴隷にされ、高宗のクーデター計画は失敗した。

此の事があってから後は、高宗はシュンとして、ピクリともしない様になった。

しかし、余りにも鬱陶しいので、「政権は呉れてやるから、女でも楽しませてくれ」（他人の女に手を出さない限り、こんな事、古代中国では、スキャンダルでも何でもない）と言って、武后の姪の賀蘭夫人（此の「夫人」と言うのは、官位を表わし、賀蘭氏の妻と言う意味ではない）を愛したが、是れもいけなかった。

あっと言う間に、武后は姪を毒殺してしまった。

あれや是れやで高宗の病気は進む一方、遂に武后は単なる皇后では飽き足らなくて、「天后」と称する様になり、摂政を行なう事になった。

古代日本では、皇后の摂政は少しも珍しくはないが、中国では、古来、有り得ないことなのである。

明治以後の日本の様に、天皇が病気で政務が観られない時には、皇太子が摂政となる。

権力維持の為には子殺しも辞さない

しかし、武天后は、此処でもう一つ、歴史の前例破りに成功した。もう一つの前例破りは、武天后が、滅多矢鱈と実子を殺す事である。特に、皇太子が危ない。

中国に於いては、皇帝と皇太子とは、常に潜在的に敵対関係にあり、偉大なる皇帝で皇太子を殺したと言う例は実に多い。しかし、其れも一度限りで、武天后の様に、バッサバッサと自分の息子を撫で斬りにした前例はない。武天后の皇太子になったら最後、何時殺されるか分かったものではない。十分に覚悟して置かなければならない。

最初に犠牲になったのが、彼女の実子で皇太子に立てられた李弘である。彼は、武天后が皇帝を蔑ろにして前例にも何にもない権力の振るい方をするので、度々母を諫めた。

中国人的センスからすれば、皇后が皇帝を尻に敷いて権力を簒奪（奪い取る）する等とは、有り得べからざる事である。真っ向から、中国人の道徳観と対立するのだ。

皇帝の母が権力を振るうと言うのであれば、是れすら決して望ましい事ではないが（幼帝の母が権力を振るう事を恐れて、死ぬ直前、皇太子の母を殺す例は多い。漢の武帝等）、親は子の上にあるのだから、未だ幾分許せる。呂太后も西太后も、権力を振るい出したのは、太后になってからであり、息子が皇帝となった後である。

皇后の身でありながら、夫を無視して権力を振るうと言うのは、武天后を以て嚆矢（始め）とする。

しかも、是れは許すべからざる事である。夫は天として仰いで、只管仕えるべきものであり、是れを尻に敷いて権力を取り上げてしまう等、有り得べからざる行為である。

ヘロデ大王もそうだが、其の民族の固有の道徳律に背く事、是れほど其の民族を怒らせ、史上永く、筆誅（悪く書かれる）の対象とされる者はいない。功績さえも、全部、無視されるか、悪意の所産とされてしまう。武天后は是れをしたのだ。其れ故、皇帝として彼女は全く無視され、只高宗の皇后としてしか認められていない。

是れは後世の話であるが、彼女の生前でも、皇帝の権力を皇后が取り上げてしまって勝手に振るまうと言う事は、政治倫理に照らして見れば、許すべからざる事である。

しかも、群臣皆武天后の権力を恐れて、敢えて諫言（直言）できない。

其れなら皇太子の私がやる他ないと、李弘は、度々母を諫めた。

是れが、権力と権威欲の権化の様な武天后のカンに障った。

此の生意気な小伜めと、あっさり毒殺してしまった。

尤も、是れには確証はなく、李弘が、原因不明の急死をしたと言う事と、武天后が毒殺したと言う噂が広がっていた事、此の二つの事実があるのみであるが、其の後の武天后のした事を観ると、此の噂の信憑性は高い。

第六子の雍王・李賢が皇太子となった。が、或る時彼は、自分は実は武天后の子ではなく、賀蘭夫人の子であると言う噂が立っているのを聞き付けた。

一瞬、彼はゾーッとした。もし、此の噂が本当だとすると、何時武天后に殺されるか、分かったものではない。自分の実子さえ、平気で殺す武天后の事である。姪とは言え、恋敵たる賀蘭夫人の生んだ子、憎くないはずはない。

賀蘭夫人も、武天后に毒殺されたと言うではないか。

皇太子が武天后に嫌われ始めたと言う噂が伝わると、太子を悪し様に告げ口する者が出てくる。そうすると、武天后の皇太子に対する信頼は増々揺らぐ。更に気に入らなくなる。あんな奴、殺してしまえと、謀反の汚名を着せられて、李賢は、皇太子を廃され、やがて自殺させられる。

次に、英王・李顕が皇太子となった。

六八三年、高宗が五十六歳で崩じた（死んだ）。太子・李顕が即位した。中宗皇帝である。武天后は皇太后となった。其の権力は不動のものとなり、最早何人も、指一本触られない。皇帝の中宗に、何の実権もない。

でも、中宗も二十八歳の若者、少しは勝手な事もしてみたくてウズウズしていた。

平民の青年だって、何から何まで親に抑え込まれていれば、偶には反抗もしたくなると言うもの。今なら、こんな親は、確実に息子に殺される。

況して中宗は皇帝である。本来なら、彼こそ専制的な権力を振るい得る立場にあるのだ。

しかし、相手が悪かった。武天后は、仮令息子と雖も、少しの反抗も許されない。

絶対服従あるのみである。反抗の兆でも見せようものなら、直ぐに追放。是れあるのみであった。

中宗は、韋皇后の父を門下侍中（上位の大臣）にしようとした。中書令（是れも上位の大臣）

裴炎は、此の提案に反対した。皇帝が勝手な人事でもする事となったら、太后様に会わす顔がない、と言う訳だ。中宗も腹に据えかねて愚痴った。

「何を言うんだ。朕は天子なんだぞ。朕が其の気になれば、天下だって呉てやるんだ。大臣の一ダース二ダースがグズグズ言うな」

是れが裴炎に伝わり、早速武天后へのご注進となった。是れで、中宗の首はチョン。弟の李旦が即位した。睿宗皇帝である。彼は、皇帝が武天后に反抗すればどんな目に遭うか、目の前で見て来た。最早少しの反抗の気配すら見せようとしない。

無気力皇帝の標本として、剥製のように暮らしていた。到頭、即位式は挙げて貰えなかった。何事もママの言う通り。此のママのお仕置き、途轍もなく厳しい。

マゴマゴすると生命が危ない。中宗は、皇帝は廃されて後、謀叛するやもしれぬと厳重な警戒を加えられていた。何時太后に殺されるかも知れない。余りの恐ろしさで気が狂いそうであった。

「もう神経が持たん」と、自殺する事にした。

其れを止めたのが、彼の妻と恋人を兼任する韋后であった。

どうも、此の頃の唐の帝室の周辺、矢鱈と女性が確りしていて男がだらしない。

"大唐の春"を築いた女帝の大いなる功績

開かれた人材登用が自由と平和と繁栄を生む

息子の皇帝すら前述の如く撫で斬りにするのであってみれば、武則天、所謂「則天武后」の粛清がどれほど徹底したものか、スターリンも兜を脱ぐ事だろう。

一般の臣下は言うに及ばず、唐の皇族も次々と粛清していった。胡散臭い奴は殺し、其れ程でない奴は追放する。そして、其の後に、自分の腹心の者や武氏の一族の者を持ってくる。

と言うと如何にも、唐が陰惨な収容所列島にでもなってしまった様な気がして来るが、彼女の時代の印象は実に明るい。

中国四千年の歴史で、恐らく彼女の時代程、中国の民衆が自由の空気を呼吸した事はなかったであろう。

と言うと、今まで述べて来た事と、矛盾する様な印象を受ける。

しかし権力欲の塊みたいな彼女も、反抗する者や少しでも彼女の権威を認めない者は決して許さないが、其れ以外の者に対しては、実に寛大であった。人材は、門閥を問わないで、思い切って抜擢した。長い中国史を通じて、此の時代こそ、実に門閥全盛の時代であった。此の点、戦国時代や漢の初め頃、或いは宋代以後に比べても、此の時代の著しい特徴を成す。其れ故、武則天の庶民性、開放性は、一層光ってくるのだ。

大唐の春。都長安は、世界最大の国際都市となり、碧眼紅髪の（目の青い、髪の赤い）胡人なんか少しも珍しくなかった。世界中の物産は其処に集まり、其の富は世界に冠たるものがあり、大輪の牡丹の様に咲き誇っていた……なんて言うと、何もかも、良い事尽くめの様だが、門閥全盛なのだから、庶民に与えられたチャンスは、極く限られたものでしかない。是れが、絢爛豪華、目を見開かれる様な大唐の春の、最も暗い側面である。

此の様な状況の下で、「則天武后」こと**武則天の開放性、庶民性、門閥に拘らない人材登用は、民衆にとって、正に福音であった。**

彼女は、千年にも亘って、欧陽脩、司馬光を始め、謂わば歴史家の目の仇、いや、筆の仇であったのが、近年になって、郭沫若、李唐を始め、彼女を高く評価する人々が多数現れてくるようになったのも、当然であろう。寧ろ、遅過ぎた気がする。王朝時代にだって、もっと沢山、此の様な人々が出て来て良かったのだ。**儒教的公式性に拘り、司馬光等の権威に屈する学者が多過ぎたのだ**（王朝時代の中国では、学者と評論家と文化人の区別は余りなかった。そして、彼らの中のベストな者が高級官僚となる）。

卓越した政治家は戦争をしない

武則天の文化的業績は際立ったものがあるが、其の前に強調して置かなければならない事は、彼女の平和主義である。

もし、平和に最高の価値を置くとすれば、武則天こそ、最高の評価を与えられなければならない筈である。

彼女の帝国は、「平和の帝国」であった。

しかも、輝かしい戦勝の上に建てられた平和の帝国である。

権力者には、必ず征服の衝動があって、勝利に酔うと、次々と新しい征服を繰り返す。ジンギスカンは言うに及ばず、秦の始皇帝、漢の武帝、隋の煬帝、唐の太宗から、明の成祖、清の高宗に至るまで、**凡そ強大な権力を握った皇帝は、必ず大規模な外征を起こす。**戦争が如何に厖大な費用を費やすか、是れは、古今東西、変わる事はない。

孫子は既に、此の事を強調し、戦争に於いて大事な事は、なるべく早く止める事だ（兵は拙速をきく、いまだ巧の久しきをみざるなり）と言い、また戦争は勝つよりも始めからやらないで戦争目的が達せたなら、猶お良い、とも言っているが、正に其の通りだ。

だが、政治権力者たる者、中々、そうはゆかない。此処が難しいところだ。

弱過ぎると、蛮族が侵入して来て征服されてしまう。

では強ければいいかと言うと、そうでもない。征服欲は権力者の本能みたいなものであって、如何なる力を以てしても、是れを押し止める事なんか、出来はしない。一度戦勝の味を占めた権力者は、血の味を知った猛獣と化する。後から、後からと征服を繰り返す。

アレクサンダー大王は、ガンジス河を渡ろうとしたが、兵士達のゼネストの為、断念せざるを得なかった。兵士達は言った。

「大王に従って我々は、幾つとなく、城や街や国を征服しました。しかし、何時までも大王の命令は唯一つ。進め、進め、其れだけです。一体何処まで連れて行かれるのか、我々はもう沢山です」と。

中国でも、例えば漢の武帝。北方防衛の為に始めた匈奴征討であったのが、始めてみると、外征は止めどもなく広がる。漢は遂に、シルクロードの大半をも手に入れる程の大侵略国となり、南は、ベトナムにまで手を伸ばす有様だ。こんな有様だから、文・景二代の間に蓄えた国庫は空になり、国民は絞りに絞られた。其れだけなら未だいいが、兵隊に徴集れて、地の果てに屍を晒さなければならなかった者、どれ程の数に上ぼるか分からない。

武帝の晩年には、怨嗟（恨み嘆く）の声は国中に満ち、もう少しで革命が起きそうであった。其れ故、武帝は、其の大きな治績にも拘らず、名君として評価されてはいない。

中国人は、欧米人や日本人とは違って、骨の髄まで平和国民である。戦国時代以前はいざ知らず、其れから後は、こう断言しても、余り大きな間違いにはなるまい。

中国には、欧米諸国の様な戦争文学（余り訳されてないが、其の量の多さといったらない）と言うものはなく、戦争の悲惨さに付いて詠ったものが多い。

「一将功成りて万骨枯る」とか、「笑うなかれ酔うて沙場に臥すとも、古来征戦いく人か帰る」とか、若妻が夫を戦争にやったのを悔ゆる詩とか、そんなものは多いが、戦争賛美の詩は余りない。

其れであればこそ、大きな治績を挙げた漢の武帝が名君とされないのに比し、殆ど何もしていない彼の祖父の文帝が名君とされているのである。

今の日本人は、「平和」と言うと、外国と戦争をしない事だと思うが、中国の場合、内戦もない、と言う事が、同じくらい重要な意味を持つ。民衆にとっては、此方(こっち)の方が、余程重大である。外征の場合だと、戦争に行った人だけが死ぬのだが、内戦となると、メチャクチャ人が殺され、人口が直ぐ半分以下になる事なんか、ちっとも珍しくない。

それに田畑を荒らされ、働き手の男は兵士に駆り出されるから農耕に差し支える。飢饉(ききん)で死ぬ人は、其れよりも多い。民衆にとって、全くたまったものではない。

此の事を考えると、**武則天が、赫々(かくかく)たる大勝にも拘らず、大征服にも乗り出さず、国内に於いてもまた、内乱らしい内乱がなかった事、是れだけでも名君として高く評価されるべきであろう。**太宗の大規模な外征と、玄宗(げんそう)の「安史(あんし)の乱」を思い起こしても見よ。

女性だから平和が好きなのさ、と言う勿(なか)れ。彼女は其の権力欲と言い、政治能力と言い、余りにも女性離れしている事は、既に見てきた通りである。寧(むし)ろ、旺盛な征服欲があった方が自然である。其れに、「平和」は、欲したからと言って得られるものではない。

ビスマルクは、「私は、戦争に勝つ為に努力したが、平和を維持する為に、其れ以上の努力をした」と言っているが、平和が欲しければ、其れだけの努力が必要なのである。また、**努力だけで平和が得られるほど甘くはない。熱烈に平和を欲するパシフィスト（紛争を軍事力ではなく、和平交渉によって解決することを主張する人の意）の運動が、却(かえ)って戦争の原因となった**事は、一六八ページで述べたが、努力の他に、正確な見通しと、政治能力も必要なのである。

此の事に関する限り、戦勝と平和の維持とは、全く同じ性質を持っている。

征服と拡張欲を何処で自制(セーブ)するか

彼女の時代は、燦然(さんぜん)と輝く戦勝を脚光として開けた。

唐が高句麗(こうくり)遠征に成功したのだ。

高句麗遠征は、実に、隋代(ずいだい)以来の懸案(けんあん)であった。中国の大統一を成し遂げた文帝も是れに失敗し、煬帝は、更に大仕掛けに是れを行なったが、また失敗した。

此の失敗が、隋の滅亡を早める事になった。

唐の太宗の外征は、他の場合、成功したが、高句麗遠征に限って、成功しなかった。

高宗の時代、唐軍は、六五五年から軍事行動を開始した。新羅(しらぎ)と同盟して、高句麗、百済(くだら)を攻め、着々と戦果を拡大していった。

百済は我が国と仲が良かったから、軍事援助して呉(く)れと言ってきた。

天智天皇(てんじてんのう)は大軍を送って是れを助けたが、白村江(はくすきのえ)で大敗した。天智天皇は戦犯にはされなかったが、是れに懲(こ)りたか、日本は、其の後一度も、外国の軍事援助をした事はない。

扨て、唐軍は更に勝ち進んで、六六八年、遂に高句麗の首都平壌を落とした。総司令官は、太宗の名将として、中国の代表的将軍の一人李勣である。

へえ、十三年も掛かって「大戦果とは」なんて言ったら、昔の人に笑われる。

昔の戦争では、是れでも早い方だ。ネブカドネッサル大王ですら、ツロ（古代中東でフェニキヤと共に世界貿易で栄えた都市。現在のレバノン近辺）の攻囲に十四年を要し、世界最強の元すら、弱体化した宋を滅ぼすのに、二十一年を要したではないか。

扨て此の大戦果も、李勣を始めとする「太宗の遺臣」達の力に依る。

決して武后の戦争指導が良かったと言うのではない。

しかし、此の時代の唐には、名将が多く、兵士は強かった。

もし、彼女が征服欲に駆られて、其の気になりさえすれば、幾らでも戦果の拡大が出来た筈ではあった。幸いにも李勣大将軍は彼女と仲が良く、武后冊立（任命）の時にも反対派を抑えて、強く此れを支持した。彼女は、度々粛清を行なったが、生粋の軍人で犠牲者はいない。軍部は彼女に好意的であった筈である。加えて、彼女の政治力。別に親征しなくても、武帝の如く、英国のエリザベス一世やサッチャー首相の如く、いながらにして征服をする事は可能であった。

しかし、武后は是れをしなかった。皇帝になってからも同様である。

征服どころか、彼女の治下に於いて、唐の支配範囲は辺境に於いて少しばかりだが、却って狭くなった。

しかし、「そんな所ぐらい呉れてやれ、戦争するより増じゃ」とばかり、本格的な軍事行動を起こそうとはしなかった。

権力者にとって、是れには自制がいる。漢の武帝やジンギスカンや明の成祖だったら、忽ち烈火の如く怒り、征討の軍を差し向けた事だろう。

第一次大戦以前のヨーロッパなら、是れは確実に戦争になる。何しろ、ファショダ事件の如き、辺地もアフリカ・スーダンで立てた国旗を引き降ろしたのなんので、英仏の様な当時の超大国が、あわや戦争一歩手前までいったのだ。

武后こそ、偉大なる帝王で、大戦争をしなかった（大内乱も含めて）、恐らく唯一人の人物であろう。

是れだけでも、人民は彼女に感謝しない訳にはゆくまい。

当時の中国は、支配範囲は十分に広く資源は豊富で、物資は山積みされ、中国経済は世界に冠たるものがあったから、辺地を征服したとて、国民生活は少しも向上しないのである。中国人が戦争を嫌う理由の第一は、正に是れだ。

豊穣（ほうじょう）な中国に、今更、朔北窮寒（さくほくきゅうかん）の地を加えて、何になろう。

革命中国が評価した武則天の治世

中国に於ける最大の政治目的の一つとして「民力の休養」と言う事が強調されるのであるが、中国では、治安が維持され、権力による大搾取（さくしゅ）がなければ、人口は増え、経済活動のレベルは向上し、国富は増進されると言う考え方があるが、其れには、人材を登用し、内戦・外戦共に起きない様にする事だ。

古代中国には、生活意識調査も、消費関数の研究もなかったから、国民生活がどれほど向上したか、是れを国民がどう受け取っているか、確実に知る方法はない。

しかし、古来其の指標（インディケイター）として用いられるものに、民戸の数がある。

政治が良いと、民戸の数は、着実に増えてゆく。権力による搾取が酷（ひど）過ぎたり、治安が乱れたりすると、民戸の数は減る。内乱が激しくなると、見る見る内に激減する。

例えば、前漢末から後漢の光武帝が再統一するまでの大動乱で、民戸の数は三分の一になってしまったと、或（あ）る詩人は嘆いている。

武則天の治下で、民戸の数は、随分（ずいぶん）と増加している事が、呉沢氏の研究で分かった。

治安を維持し、平和を保ち、民生を豊かにした。人材を登用し、上下の交流を盛んにして自由化した。

是れだけで十分に、『貞観』『開元』に匹敵すべき治績で、『則天の治』と言う言葉を作っても良いくらいだ。彼女の治世、年号を採ろうにも、余り多くて、どれを採って良いやら分からない。

しかし、彼女の功績は、是れに止まらない。

其の文化に於ける業績こそ、特筆大書すべきものがある。

文化省とも言うべき『控鶴府』を設置して文化の隆盛の為の一大センターとした。

其の成果の一つが、『三教珠英』であって、是れは、儒教、仏教、道教の三つを統合しようと言う野心的な試みである。

此の三つの宗教、其れ以前も其れ以後も、猛烈に啀み合うのであるが、彼女は、此の三つのエッセンスを体現し、是れを全国民に及ぼそうと言うのだから、是れは大した試みではある。

其の他、**書に詩に建築に、文運隆々として栄えた。**

武則天の治世は、暗いどころでなく、目眩く明るさを以て世界を照らしていた。

革命後の中国で、彼女を絶賛する論文が続出したのも頷ける。

ヘロデ大王は史筆に殺された

何故ヘロデは悪王の代名詞とされたのか

ヘロデとイエス・キリストの共通点なんて言ったら、キリスト教徒でなくても、悪い冗談だと思うだろう。

民族の偏見とエスタブリッシュメント（Establishment 確立された特権階級）**に煽られた民衆の暴力に因って殺された者、其れが此の二人の共通点だ。**

ローマ法に照らしても、ユダ法に照らしても、どう考えてもイエスは無罪である。

しかし、エルサレムの長老達は、頑なにイエスの死刑を要求する。

ローマ人の総督ピラトは、過越祭の晩には、民衆が要求する重罪人を一人だけ釈放する事が出来る習慣がイスラエルにある事を思い出した。

彼は、イエスの釈放を民衆に呼び掛けた。

民衆は、口々に叫んだ。「其の人ならじ、バラバを」と。

バラバとは、特に凶悪な大盗賊団の頭目である。やっとの事で捕えられて、死刑を待っていた。

此の民衆の意志に因って、イエスの十字架行きは確定した。

イエスは、十字架上で殺されたが、三日後に復活した。彼の宗教は今や世界最大の宗教である。

ヘロデ大王は、史筆（歴史家の文章）に因って殺された儘、未だに復活していない。いや、心ある人々の間では既に復活しているのであるが、日本人の大多数は是れを知らない。

或る歴史家は、「……ヘロデは、ソロモンの様に、いやソロモン以上に偉大なユダヤの真の王であった」と言っているが、イスラエルが平和であったのは、彼の治世だけである。

ヘロデ大王の治世三十四年の平和な御世に、イスラエルの経済は史上空前の繁栄を誇り、ギリシャ・ローマの高い文明は、確りとイスラエルの民に根を下した。

世界の主ローマとの関係は極めて良好であって、ユダヤ王国は、ローマの平和の「陽の当たる場所」に存在する事を許される事になった。更に彼は、一大宗教改革を断行して、数百年来の宿弊（積りに積った悪い事）を一掃した。

是れが名君でなくて、何処に名君なんて言うものが有り得よう。

と思うのだが、彼は、悪王の代名詞として、青史（歴史）に其の名を残している。

東洋で言えば、正に、桀・紂である。

英語に〝out-herod〟と言う言葉があるが、是れは〝悪虐なこと、ヘロデをも凌ぐ〟と言う意味であって、ヘロデ大王は、悪しき事の座標軸として用いられている。

どの欧語だって、大体同じ様なものだと思えばいい。

では何故、イスラエル史上最大の名君ヘロデ大王が、一度史筆に掛かると、悪王の代名詞に変身してしまうのであろうか。

此処に、政治の恐ろしさがある。

イエスは十字架上に死に、ヘロデは史筆に死んだ、と言うべきか。

其れ程までに恐ろしい政治のメカニズム、是れに付いて、是れから語ろうと思う。

血筋の宿命を背負ったユダヤ王

是れぞ本章のテーマであるが、其の前に、ちょっと休憩時間を設けて、色んな誤解を片付けておきたい。

日本でも誰でも、ヘロデが悪王であるくらいの事は知っているが、ヘロデは二人いるのである。いや本当は、もっと沢山いるのだが、お馴染みのヘロデは二人。

ところが此の二人、日本では間違えられる事が多いから気を付けないといけない。

ヘロデ大王と、ヘロデ・アンテパス。此の二人は親子で、共に「悪王」として歴史上隠れもない者でありながら、人物のスケールとなると大分違う。政治的手腕も、桁違いである。

抑々、新約聖書の書きっぷりが不親切なのだ。

ヘロデ大王も、不肖の息子のヘロデ・アンテパスの方も、只、ヘロデと書くだけで区別していない。日本人がよく知っているヘロデの悪行は、ベツレヘムの幼児殺しと、サロメの洗礼者ヨハネ殺しだ。

ヘロデがベツレヘムと其の附近にいた二歳以下の男の子を、悉く殺した理由は、ベツレヘムでユダヤの王となる者が生まれたと博士達（東方の三博士）が言ったからである。キリストも、危うく殺されかかったのだから、キリスト教徒にしてみれば、ヘロデは大変な悪王だ。

是れは、モーゼの伝説を真似た創作であると言う説もある。また、或る学者は、本当だとしても、ラメセス二世のイスラエル幼児殺しとは規模が大違いであって、ベツレヘムは、人口二千くらいの寒村だから、二歳以下の男の子を皆殺しにしたとしても、其の数は、多くても二十人には満たなかった筈であると言っている。

此のヘロデは、ヘロデ大王の方（「マタイ伝」第二章。十三〜十七節）である。

サロメに、バプテスマ・ヨハネの首を呉れてやって、オスカー・ワイルドにネタを提供したのは、息子のヘロデ・アンテパスの方である。

但し、新約聖書には「サロメ」の名は見えない。（王妃）ヘロデヤの娘とあるのみである（「マルコ伝」第六章。十九〜二十九節）。

ドジな息子とは違って、父のヘロデ大王は偉大であった。此の偉大なるヘロデ大王が歴史に登場するのは、ガリラヤ総督としてである。時にヘロデ二十五歳。

ガリラヤは豊饒の地であり、地味よく農産物に富み人口も多かった。其の総督とは、大した地位だが、ガリラヤ人は、勇敢で自由を愛し、其の上、直ぐ熱狂する性質であったから、歴代の総督は、散々手古摺った。

此のガリラヤの総督として治績を挙げたのだから、大した政治力である。

ヘロデは、恐ろしいハンディキャップを背負っていた。彼の血筋だ。

彼は、異邦人か、或いは混血ユダヤ人であった。今とは違って、古代ユダヤ人は、混血を最も嫌った（今は平気）。

殉教者ユステヌスは、「ヘロデ王家は、ユダヤ人の最も嫌うペリシテ族と言う伝説がある」

とまで言っている。ヘロデの父アンテパトロスは、奴隷として異教の寺院で墓掘りをしていた事もある。

今でも、血筋の故に酷い差別を受けている人もいる。況(ま)して、血筋を何よりも重んずる古代の事、是れが致命的なハンディキャップである事は容易に想像できよう。

其の上、ヘロデは、ローマに依ってユダヤ王に封(ほう)ぜられた。神政政治(シオクラシー)のユダヤにとっては、王は、神に依って選民たるユダヤ人の中から選ばれるべきものであって、断じて外国の「元老院」なんて言うゲテモノに依って選ばれるべきものではない。

「外国人に依って選ばれた外国の王！」、考えただけでユダヤ人は身震いするだろう。

此の、有り得べからざることが本当に起きたのだ。ヘロデ大王は、初めからユダヤ人に蛇蝎(だかつ)（ヘビとサソリ）の如く嫌われる運命、いや現実にあったのである。

更にまた、ヘロデは、ユダヤのローマ化を推進した。是れは、宗教即(すなわ)ち生活であるイスラエルの民にとっては、耐えられない事であった。

今日でさえ、ペルシャ王のパーレビは追放され、エジプトのサダトは殺されたが、其の**最大の原因は圧政ではなく、近代化即(すなわ)ち西欧化にあった。**西欧化すると、民衆の宗教イスラム教と矛盾する事が矢鱈(やたら)と出て来る。是れが、イスラム教が生活の隅々にまで染み通っている民衆には耐え難い事なのだ。圧政でも善政でも、是れは変わらない。

今でもこうだ。是れをヘロデは、二千年前に行なったのだ。ユダヤ人の反抗が如何に熾烈なものであったか、お分かり頂けると思う。

是れだけの障害を乗り越えて、**ヘロデは、イスラエルの民の統治者として、空前絶後の治績を挙げる**。私が、ヒットラーやスターリン以上の大政治家であると評価する所以である。ヒットラーを元オーストリア人だとして嫌うドイツ人はいないし、スターリンがグルジア出身であり、毛沢東が湖南省出身であることは、殆どハンディキャップになっていないではないか。

〝ローマの狗〟と罵しる政治無知の民

『ユダヤ戦記』の著者として知られるヨセフスは、ヘロデ総督は初仕事として、ガリラヤの辺地で暴れ回っている強盗団を逮捕して頭目のヘゼキアス始め全員死刑にした、と記している。

しかし、是れは、ローマから見れば強盗団だが、ユダヤ人から見れば、ユダヤ独立運動の愛国党であった。

ジェシイ・ジェイムスが、北部から見れば大強盗だが、南部から見れば、南北戦争の仇討の英雄であり、其れ故、度々特赦の対象とされたのと似ている。

似ていない点は、ヘロデ総督は、特赦もしないで、ヘゼキアス始め、全員死刑にしてしまったのだから、ユダヤ人の怒ったの怒らないのって。

因みに、ヘゼキアスは、ゼロデ党（英語のZealot。熱心党）の元祖である。

サンヘドリンの議員は、ヘロデを、サンヘドリンの判決もなしに死刑を執行した廉で、サンヘドリンに起訴した。サンヘドリンは議会であるが、此の頃の議会の主機能は、中世ヨーロッパの議会の様に、裁判である。法律を作ったり、内閣を作ったりする事ではない。日本語の新約聖書に出てくる「議会」も、此の通り。

ヘロデは、裁判もしないで「死刑」を行なったのだから、是れは合法的な処刑ではなく、単なる人殺しだから、彼を死刑にしろ、と言う訳である。

ヘロデは少しも騒がず、勇猛な兵士を連れて堂々と出頭し、武装して議員共（裁判官）を睨み付けながら着席した。

サンヘドリンと言えば厳めしいが、要するに口舌の徒の集まりである。

堂々たるヘロデの態度に気圧された。幾ら騒いだとて、ユダヤはローマ帝国隷下の半独立国、シリア大総督の支配下にある。ヘロデが、シリア大総督の死刑許可書を見せたので、サンヘドリンもどうする事も出来なかった。此の水戸黄門式の遣り方、日本人受けはするが、ユダヤ人は大嫌いだ。

ヘロデは無事ガリラヤに引き上げて行ったが、ユダヤ人は、「あのローマの狗め、今に目にものを見せてやる」と息巻いた。

ローマは、「ヘロデ総督、若いのに良くやるわい」と、軍団長に任じた。

風見鶏こそ弱小国の処世術

ヘロデの前途は、順風満帆に見えたが、ユダヤ人の理解者ジュリアス・シーザーが元老院で弑殺された。そして、東方は、弑殺者の一人カシアスのものとなった。幾ら憎くても、其処が小国の哀れさ、強国の気に入られない事には遣って行けないのである。

風見鶏こそ、小国が強大国の間で生き残れる唯一つの方法である。

是れから愈々、ヘロデの真価の一つ、外交の天才が発揮される。

彼こそは実に、**国歩艱難なるに当たっての外交家の鑑である。**

此の間の事情を山本七平氏は、

『ユダヤ戦記』には古スラブ語訳があって非常に早くロシアに紹介されただけでなく、

——スターリンは神学生だったから、おそらくこれを読んでいたと私は想像しているが、その政治能力・外交能力・危機への処し方を比較すれば、おそらくヘロデの方が一枚上手であろうと思う。第一、置かれた位置の困難さは彼以上であった。いずれにしろ「鋼鉄の人」とは元来ヘロデへの批評である。

彼は一貫してローマと同盟していたとはいえ、それには長いローマの内乱期が含まれ、その間ローマの主人は、だれになるやらわからなかった。カイサルにつけばこれが暗殺され、東方はカシウスの手に落ちる。カシウスにつけばアントニウスは敵となり、といってアントニウスに加担すれば今度はアウグストゥスに殺される――彼らにとって東方の一首長など、所詮「使い捨て」の対象にすぎない――、そしてこの間のヘロデの情勢分析と政治的先見性および対策は、まるで、次々に表れるローマの支配権という巨大な刀剣の上を、巧みな刃渡りで次々にわたって行く曲芸のように見える。一歩誤れば自分の首がとぶ。だが権力者はローマだけではない。彼を最も苦しめたのはクレオパトラの策謀であった。その暗闘はまるで狐と狸のばかし合いだが、相手が東方の支配者アントニウスを掌中にしているだけに、この暗闘は凄惨である。だが最終的にはヘロデは、これを逆用して自分を新たな勝者アウグストゥスに売り込む。だがそれもまさに刃渡りである。(『存亡の条件』講談社学術文庫)

と論じているが、正に、此の通りである。同じく風見鶏と言っても、メイド・イン・ジャパンの其れとは、直面した困難さもスケールも桁違い（けたちが）もいいとこだ。

ヘロデは、カシアスに課された百タレントという重税を直ち（ただ）に納め、上手（うま）く取り入って信頼を得て、また、軍団長（リージョン）に任ぜられた。

ユダヤ人は、ヘロデがローマに重税を払う為に苛斂誅求（かれんちゅうきゅう）したと恨み、此の時から取税人を憎悪する様になったと言われるが、直ぐ納めたから未だ良かったものの、滞納した都市の住民をカシアスは奴隷に売った。

ローマの軍団（リージョン）（legion）は、三個師団から成る近代の軍団（アーミー・コア）（army corps）ほど大きなものではないが、外国人が是れに任じられるのは、余程ローマの信頼がある証拠である。

ヘロデと彼の父アンテパトロスは、ローマの信頼が篤かったが、是れが、コチコチのユダヤ主義者達の気に入らない。父アンテパトロスは、ユダヤ王ヒルカノス二世と会食中、毒殺された。

ヘロデは父の仇を処刑した。実力者アンテパトロスが突然殺されたので、パレスチナは、中川一郎が自殺した後の中川派みたいになった。麻（あさ）の如く乱れたのだ。

しめたとばかり、ローマの将軍フェリックスは、パレスチナ乗っ取りの為に攻め込もうとした。ヘロデは先手を打って、フェリックスがいる城を落としてローマ軍を追った。是れで、エルサレムはヘロデの手中に落ちた。此の時だけは、ユダヤ人も、彼がイデューミア人である事を忘れて歓呼した。

国政の実権はヘロデの手に帰したが、ヘロデは父アンテパトロス同様、名目的国王、其の実、祭司長ヒルカノス二世に忠実に仕え、簒奪の心はなかった。ユダヤ人は、アズモニア王家こそユダヤの王であるべきだと思い込んでいるのを知っていたからである。

名目はヒルカノス二世、実権はヘロデと、此の分業が続いたら、ヘロデもユダヤも、どれ程幸福だったろう。しかし、そうは問屋が卸さなかった。

名将ヘロデ、危機一髪！

ヒルカノス二世の孫娘マリアムメ（Mariamme）は、中近東一と言われた美女である。如何にヘロデ、鉄石の心を持っていたとは言え、忽ちウットリ。妻と離婚してマリアムメと婚約した。彼女との結婚は、ヘロデ一生の大失策であって、大きな後遺症となって、ヘロデの苦悩の源泉となる。一旦はヘロデを歓呼したイスラエルの民も、あの奴隷の子のイデューミア人が、事もあろうに、由緒正しいアズモニア王家の血を汚すなんてと、ヘロデに対する憎悪と軽蔑を新たにした。しかも、天才ヘロデの外交的手腕は、歴史的動乱の荒波に漂うユダヤの為、如何なく発揮される。

アントニウスがシリアに攻めて来たのだ。

是れは、シェークスピアの戯曲に入る程の大物で、カシアス等とは比べものにもならぬ。其の上、カシアスの政敵で、大のシーザー支持者。しかし、其処がヘロデの大外交家たる所以、忽ちアントニウスの信頼を得てしまった。

ヘロデ嫌いのユダヤ人は、アントニウス様ご注進、ご注進、ヘロデこそカシアスの子分、専横で王を蔑ろにして暴政を振るってますと、続々と訴え出たが、もうすっかりヘロデを信頼し切っているアントニウス、少しも耳を貸さない。ユダヤ人の方でも何としてもヘロデを倒そうと、何回でも使者を送って訴えた。アントニウスは、他人が聞く耳を持たぬと言っているのにウルサイ！　とばかり、ユダヤからの使者を皆殺しにした。

今まで仕えていたカシアスの政敵アントニウスに、是れ程まで信頼させる。

ヘロデの外交の技量正に入神と言うべきか。

アントニウスは、ヘロデと彼の兄ファサエルをユダヤのローマ代官とした。

ユダヤ人は、カンカンになって怒った。

イデューミア人ヘロデだけでなく、こんな奴の傀儡（かいらい）にされているヒルカノス二世まで憎む者も増えてきて、同じアズモニア王朝の一族アンテゴノスを王にしようとする運動が起きてきた。

アンテゴノスは、此の時、ヘロデに敗れてシリアに亡命していた。シリアはシーザーの征服後、ローマに属していたが、シーザー死後のゴタゴタに乗じたペルシャに征服された。

アンテゴノスは、ヘロデを殺して私をユダヤ王にして下されば、千タレントと美女五百人を差し上げますとペルシャに申し出た。とんだ売名行為だが、こうなればユダヤはペルシャの属国も同様、ペルシャ軍は二つ返事で引き受けた。

ペルシャ軍はアンテゴノスを連れて、パレスチナに侵入した、此の時ヘロデは、エルサレムのユダヤ人反乱を取り押さえるのに、日も夜も足りぬ有様で、敵を迎え撃つ力がなかった。

ペルシャの大軍は、エルサレム城を、浸々（ひたひた）と、取り囲んだ。

外にペルシャの大軍、内に優勢な反乱軍。

内憂外患（ないゆうがいかん）の用例として模範的だ。是れがヘロデ大王危機の一生の事始め。

しかし、此処（ここ）で動じたらヘロデじゃない。ヘロデ動かざること山の如く、侵略（おかす）こと火の如く、あっと言う間に激戦の末、寡兵（かへい）良く優勢な反乱軍を破って、エルサレムを確保した。

外の敵とも良く戦い、先ず売国奴アンテゴノスの軍を撃破した。ペルシャの大軍に対してもエルサレムを固く守って動かなかった。ペルシャ軍の方でも、ヘロデが名将である事を知り、恐れて攻撃しなかった。

が、何時までもこうしていても仕方がない。ヘロデはローマへ行って援軍を頼む事にした。

一夜、深更（真夜中）、家族と婚約者マリアムメと手兵を連れて囲みを衝いて脱走した。ペルシャ軍は是れを追撃したが、エルサレムから約十キロの地点で手兵を以て、よく圧倒的な追手を撃破した。正に危機一髪であった。ヘロデ大王は後に、此の地にヘロデアムという町を造って命拾いを記念した。

立身出世を支えた謙譲の美学

ヘロデがいなくなれば多勢に無勢。エルサレムは落城して侵入したペルシャ軍の為、大掠奪を恣にされた。エルサレムは地獄と化し、日夜、住民の泣き叫ぶ声が絶えなかった。

ヘロデの兄ファサエルは自殺し、ヒルカノス二世は耳を切られてバビロンに連れ去られた。ユダヤの律法に依ると、不具となった者は、最早司祭長になれないのである（レヴィ記二十一章、第十七〜二十四節）。アズモニア王朝は神政政治で司祭長兼国王だから、是れで自動的に、国王の方も首になる。アンテゴノスが王となった。

脱出したヘロデは、クレオパトラに接見された。彼女は一目でヘロデが気に入り大歓迎した。

東方の支配者アントニウスがメロメロになっている女王である。彼女の好意、差し当たっては、何物にも代え難い推薦状。アントニウス自身も、既にヘロデには好意的である。

ローマに着くと、絶頂期のアントニウスは、同じシーザー派の同志として、其の頃、未だ仲の良かったオクタヴィウスに紹介した。彼もまた、ヘロデの人物を評価した。

二人が相談した結果、ヘロデこそユダヤ王たるべき人物だとして、彼をユダヤ王に封ずる事にした。

しかし、ヘロデは、私は王なんてガラじゃありませんと言って、先王ヒルカノス二世の孫で彼の婚約者マリアムメの弟アリストブロスこそユダヤ王に相応しいと言って辞退した。

アントニウスとオクタヴィウスは、何と奥床しいと感じたかどうか。が、アリストブロスの様な小僧に何が出来ると言って、ヘロデを説き伏せ、元老院に可決させた。

紀元四〇年、即位式はローマで上げられ、ヘロデはユダヤ王に正式に封ぜられた。

ローマは援軍を与え、ヘロデはペルシャの大軍と彼に反抗するユダヤ軍を連破して、名実共に、ユダヤの王となった。

時に、紀元前三七年。売国王アンテゴノスは、散々鞭打たれた末、斬首された。

ヘロデ王も、此の恩に報いる為、アントニウスが苦戦している時には助太刀に駆け付け、大勝利の手助けをし、色々と忠実に仕えた。

アントニウスが死ぬまで、ヘロデは、彼の忠実な友であり家来であった。

偉大なる政治家には何が必要か

困難には孤立無援でも立ち向かう

完全にユダヤ王としての地歩を確立したヘロデは、大改革に乗り出した。

アンテゴノス売国王の一味が殺されたのは、古代として当然の事ながら、追及は、サンヘドリンにまで及んだ。

ヘロデ大王は、ヘロデ派の二人を除き、サンヘドリン議員四十五人を死刑にした。

俺を死刑にしようとした事を覚えているか、と言う意味でなく、内政大改革の一環としてである。

しかし、是れこそ正に、信長の叡山焼き討ちだ（小室直樹著『信長』ビジネス社刊参照）。其れまでサンヘドリンは、ユダヤ人が神聖視する処である。ユダヤ人が腰を抜かさんばかりに騒いだのも無理はない。

しかし、ヘロデは、旧主アズモニア家を大事にし、耳を切られたヒルカノス二世をバビロンから呼び戻した。

しかし、是れは政治的には大失敗であった。

ヘロデは、ローマ人から見れば正式のユダヤ王だが、ユダヤ人にとっては外国の後盾で武力でエルサレムを征服した簒奪者である。特に、アズモニア家の人々にとっては、憎んでも余りある凶悪極まりない王位の簒奪者であって、彼が最後まで王位を辞退し、アズモニア家の一人を立てようと主張したが、対ローマ政策上已む無く王位に就いた事など少しも評価せず、ヘロデの王位の正当性を認めようとはしない。

そして、絶えずアズモニア家復辟（復活）の陰謀を繰り返した。

民衆の方でも、アズモニア家こそ正統のユダヤ王だとして此の復辟運動を支持し、何とかしてヘロデを殺そうとする。

ヒットラーは、何回も暗殺されかかるが、ナチス治下のドイツには、ヒットラーを殺さなければならないと確信する人々がいる反面、圧倒的大多数のドイツ人は彼を支持し、命懸けで彼に尽くす者も数多くいた。

是れに対し、ヘロデには、ユダヤ中、味方も支持者も一人もいなかった。

山本七平氏が、

対外的生存が刃渡りなら、対内的生存は憎悪と暗殺の渦中にあった。だれ一人信頼できない。彼は、権力を失った瞬間に自分は死体になり、すべてのユダヤ人がこれを土足にかけて狂喜乱舞するであろうことを知っていた。彼は死ぬ直前（記述から見るとガンだったらしく、苦痛の余り発作的に自殺すら企てている）、気味の悪い遺言をしたとヨセフスは記している。――自分が死んだら国中は歓喜の声で包まれるであろう。では国中を慟哭させてやろう。町々村々の長老を全員エリコの競技場に集め、わしが息を引きとると同時に一人残らず斬り殺せ、そうすれば全土に悲嘆の声が起こるだろうから、と。彼はすべてのユダヤ人が自分の支配を悪と規定し、自分に対して被統治意識をもつ者、すなわち忠誠を捧げる者など、一人もいないことを知っていた。彼がこういうことを言ったのは事実かも知れない。だが現実にはそういうことは起こらなかった。起こったのは、もっとひどい混乱である。（前掲書）

と言っているのは此の事だ。

悪名高い妻子殺しの真実

ヘロデ王がローマから封ぜられる事に因って、ユダヤは、神政政治にピリオドを打って、政教分離の国となった。

彼は、司祭長に、王妃マリアムメの十六歳の弟アリストブロスを任命した。

人民は歓呼して迎えたが、是れがいけなかった。

王妃マリアムメの母アレキサンドラは、ヘロデを殺し、アリストブロスをユダヤの王位に就けようと画策して、エジプトのクレオパトラと通謀する。

相手は陰謀が三度の飯より好きなクレオパトラ、息子のアリストブロスをユダヤ王にして呉れたら、ユダヤはエジプトの属国になりますと言われて、ヘロデ殺しに一役を買って出る。

是れが始まりで、ヘロデ大王治世の三十四年間、陰謀に次ぐ陰謀で、ちょっとでも油断したら殺される事は絶対確実保証付きなのだ。

しかし、其処は神算鬼謀（常人には思いつかない上手い謀）のヘロデ大王。どんな陰謀でも見破って、一度も殺されなかったが、逆襲を繰り返している内に、最愛の王妃マリアムメを殺し、彼女の弟と彼女の祖父である旧王ヒルカノス二世を殺し、ユダヤ人以外の歴史家にも、悪王のレッテルを貼るのに十分なデータを提供していた。

其れだけではない。

マリアムメの生んだ二人の王子は、アズモニア家の血を引いているので、ユダヤ人も、アズモニア家の復辟がダメなら、早くヘロデを殺して王子に王位を継いで貰おうと策謀する。

ユダヤ人は、ヘロデの王位は認めなかったが、二人の王子は、アズモニア家の後裔として認めた。

是れは、父系社会のユダヤ人としては可笑な話だが、ヘロデの存在は、其れほど無視されたのである。是れに、若い王子は敏感に反応する。

山本七平氏は言う。


二人のわが子を処刑したときのヘロデの言葉は、まさに悲痛である。いわば二人は「ユダヤ化」した。すなわちユダヤ人たちは、彼ら二人をマリアンメの子として敬愛しても、父ヘロデは無視した。これがこの二人に作用し、彼らは、光輝あるハスモン朝の後裔として、自らの父を、被征服民の子として蔑視したのである。ヘロデはこの二人の「自分に対する数えきれぬ暴言、嘲笑、侮蔑、非礼などが死ぬより辛かった」と言ったとヨセフスは記している。（前掲書『存亡の条件』）

妻や子供さえ信用できないのである。

此の条件下にあってヘロデは、着々と治績を上げていった。

禍転じて福となす器量

最大の危機は、紀元前三一年に来た。

ユダヤの保護者アントニウスが、アクティウムでオクタヴィウス軍に敗れて戦死したのであった。

ヘロデ大王は、アントニウスの忠実この上ない家来、今のオクタヴィウスにとっては仇敵そのものである。勿論、今やローマの支配者となったオクタヴィウスと戦う力なんぞユダヤにありはしない。如何にヘロデ大王、戦争の天才で鬼神の勇ありと雖も、相手が大き過ぎる。

猫と虎ほども違うのだ。

ヘロデ王国の運命は正に、風前の灯火であった。

此処に、ヘロデ外交の圧巻、否歴史に於ける最大傑作とも言える交渉がオクタヴィウスとの間に持たれる。

彼の生殺与奪の権は、完全にオクタヴィウスに握られている。

松の廊下で刃傷沙汰後の、将軍綱吉の前の浅野内匠頭だと思えば良い。

オクタヴィウスが、一言、死刑と言えば、其れで決まりだ。

ヘロデは堂々と、独立国の国王の服装で、オクタヴィウスに会見を申し込んだ。

会見は許された。ヘロデは、今まで自分が如何にアントニウスに忠実に仕えてきたか、例を挙げて、一つ一つ説明した。

アントニウスは、今や、オクタヴィウス最大の仇敵だ。

丸で、関ヶ原決戦の後に、徳川家康の前で、太閤恩顧を申し述べる様なものではないか。軍神加藤清正だって、荒大名筆頭の福島正則だって、そんな勇気はありはしない。

ちょっとでも、そんな素振りを見せただけで、お家断絶である。

ヘロデの生命も、最早これまでと思われた。ヘロデは最後に一言、言った。

今まで私がアントニウスに尽くしてきた其の忠実さで、今後は貴方に仕えましょうと。

シーザーの後継者としてローマ帝国の始祖となる程のオクタヴィウスである。

ヘロデの人物にすっかり惚れ込んでしまった。

改めてヘロデの王位を確認し、クレオパトラがヘロデから奪った領土を返した上、クレオパトラの近衛兵四百人を与え、其の上ボーナスとして、ガダラ、ヒポス、サマリア、ガザ、アンテドン、ヨッパをヘロデに与えた。

「禍を転じて福となす」と言うが、是れほど見事な例は他にないだろう。

死刑にされても文句の言いようのないヘロデは、却って、オクタヴィウスの絶対の信頼を得

郵便はがき

料金受取人払郵便

牛込局承認

9026

差出有効期間
2025年8月
19日まで
切手はいりません

162-8790

東京都新宿区矢来町114番地
神楽坂高橋ビル5F

株式会社ビジネス社

愛読者係 行

ご住所 〒

TEL:　（　　）　FAX:　（　　）

フリガナ お名前	年齢	性別 男・女

ご職業	メールアドレスまたはFAX メールまたはFAXによる新刊案内をご希望の方は、ご記入下さい。

お買い上げ日・書店名

年　月　日　市区町村　書店

ご購読ありがとうございました。今後の出版企画の参考に
致したいと存じますので、ぜひご意見をお聞かせください。

書籍名

お買い求めの動機

1　書店で見て　　2　新聞広告（紙名　　　　　　　　　）

3　書評・新刊紹介（掲載紙名　　　　　　　　　）

4　知人・同僚のすすめ　　5　上司、先生のすすめ　　6　その他

本書の装幀（カバー），デザインなどに関するご感想

1　洒落ていた　　2　めだっていた　　3　タイトルがよい

4　まあまあ　　5　よくない　　6　その他(　　　　　　　　　)

本書の定価についてご意見をお聞かせください

1　高い　　2　安い　　3　手ごろ　　4　その他(　　　　　　　　　)

本書についてご意見をお聞かせください

どんな出版をご希望ですか（著者、テーマなど）

ヘロデ大王の支配地

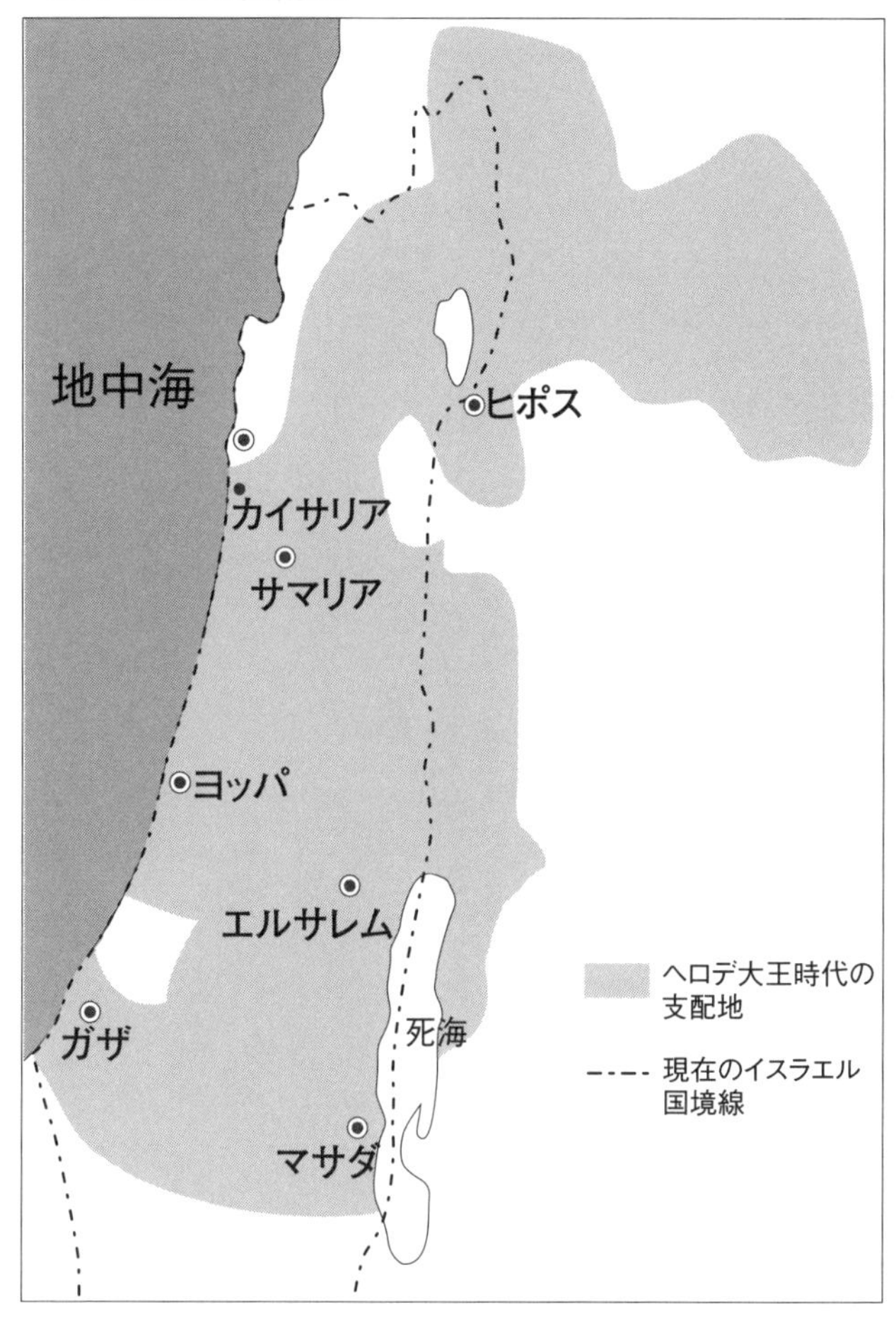
地中海
ヒポス
カイサリア
サマリア
ヨッパ
エルサレム
ガザ
死海
マサダ
ヘロデ大王時代の
支配地
現在のイスラエル
国境線

て、**此処に、戦わずしてユダヤの大統一は成った。**

ヘロデの領土は、北はシリアに接し、南はエジプトにも及んだ。

ダビデ大王、ソロモン大王も作り得なかった大王国である。

平和と秩序と繁栄を実現した治世

ヘロデ大王の業績は、軍事的、外交的な其れに止まらない。

ヘロデの治世は頗る永く、ユダヤ王国を支配したのが三十四年、ローマで即位してからだと三十七年、ガリラヤ総督に任じられてから数えると、四十五年にもなる。

二年で使い棄てられる日本の首相とは事情が違う。ビスマルク内閣は二十八年間続いたが、日米併せて、ルーズベルトの十五年が最高で、日本には八年も首相を続けた例はない。

ヘロデ大王の治世の下に於いてだけ、ユダヤは平和であった。また、治安も良く維持された。

何しろ、余りにも強いので、外敵も反逆者も、直ぐ殺られてしまうのだ。

だから平和だ。

ヘロデ大王が、どんな偉大な能力を持っていたか、山本七平氏は言う。

――従って彼は、単に政治家・外交家・大建設家あるいは陰謀家であっただけでなく、生涯ただの一度も敗れたことのない指揮官であった。野戦で敗北したことはない。ただ一度、部下の命令違反のため部分的敗戦があっただけである。また個人としては稀有の武人であり、その弓術は当時は世界一といわれ、拳闘ではただ一撃で相手を倒した。
また恐るべき強靭な意志をもち、どんなときにも恐怖に捉われることなく、的確に対処した。紀元前三一年に大地震があった。その大被害の真最中にアラビア人が侵入してきた。被害と地震への迷信的恐怖と大軍の侵入にすっかり士気阻喪した部下への激励演説は、今読んでも立派である。彼はこれを、敵が迷信的恐怖で同様に戦意を喪失していると見、部下にそう話し、いま攻撃をかければ必ず勝利が得られると激励し、この絶好のチャンスに一挙に攻撃しようと言った。部下はこれで勇気百倍して必勝を信じて戦い、一転して大勝利を得た。さらに彼は、有能な指揮官であるだけでなく、財政家であり、恐るべき強欲な蓄財家であった。（前掲書『存亡の条件』）

ヘロデ大王の治下、ユダヤは空前絶後の繁栄をする。

経済の未曾有の高度成長をし、余り豊かになったので、人民は、却っていい気になって悦楽に耽り、淫靡の気風、ユダヤ中に満ち満ちた。しかし、其処までヘロデのせいにするのはどうしたものか。

アウトバーン、否、道路は全国に網の目のように広がり、旅行は安全となった。

こんな事、当たり前だと今の日本人は言うかも知れないが、どうしてどうして、古代中世に於いては、イザヤ・ベンダサンも言っている通り、刮目すべき大業績なのだ。

嘘だと思ったら、タイム・マシンに乗って、古代中世のヨーロッパや中近東へ行ってみるがいい。

重武装しないで旅行なんかしたら確実に殺される事を保証してあげる。

杜甫も、『開元全盛の治』を讃美して、「行旅野宿せり」と言っているではないか。

旅行者が安心して野宿できる事、是れは古代中世に於いては、大変な治安維持に於ける功績なのだ。

また、そうなると、経済も飛躍的に発展し、民生も豊かになる。

ヘロデ大王治下のユダヤは、正に、其の通りであった。

アラビアの薄絹、ペルシャの絨毯から始まって、インド、中国の珍しい物品に至るまで、有りと有らゆる珍品奇物が、エルサレムの市場には氾濫していた。

こんな事は、文化的辺境民族ユダヤ人には嘗てなかった事であった。

郵便の制度も出来、新聞も発行されていた。

唐の詩人杜甫が見たら、屹度「昔憶う、ヘロデ全盛の治」と吟じた事であったろう。

政治上手は権力衝動の強い者

斯く程まで残酷この上なき条件にありながら何故、ヘロデは是れ程の治績を挙げ得たか。
其れは、彼が、「政治権力」と言うものを知っていたからだ。
ドイツの歴史学の泰斗マイネッケは言う。

「国家にとって権力が必要であることを本能的に感じざるを得ない政治家は、また同時に、同じく権力への全く個人的な衝動が働いている、また働いていなければならない生身の人間である。なぜなら、たくましい意志的人間の個人的権勢欲がそのように付け加わらなくては、国家に不可欠な権力は決して獲得されないからである。」「感情的動機を排除することは、決して完全には成功しえないし、また成功してはならないのである。そのわけはまさに、われわれが述べたように、原初的な権力衝動が政治家の血の中に必ずあるに相違ないからであり、また、権力衝動がなければ、政治家はその責務を尽くせないであろうから」

(Meinecke, F., *Die Idee der Staatsräson in der neuern Gesichte* S.257. 野田雄宣氏の訳による)

ヘロデこそ、斯かる政治の論理を理解した真の意味の政治家である。

私は彼に、二千年の歳月を隔てて、満腔の（心を挙げての）敬意と敬礼とを贈る。

3章

独裁者の出現と時代背景から何を学ぶべきか

ヒットラーが登場した時代背景

ナチス政権は最悪の不況下にスタートした

ヒットラーが、一九三三年一月三十日、ヒンデンブルグ大統領から首相（Reichs Kanzler）に任ぜられ天下を取った時、誰もが是れは短期政権に間違いあるまいと思った。

国内的、国際的に難問が多過ぎたのだ。

天下を取ったと雖も、国会（Reichstag）でナチス党の議員の数は六百八名中百九十六名、第一党とは言いながら過半数に程遠い。

街には九百五十万の失業者が溢れ、ワイマール共和国最後の首相ブラウニングは、必死になって努力し、経済学的に考えられるあらゆる手を打ったが、不況は増々猛威を逞しくするばかりで如何とも成し難く、進退窮まって退陣したのであった。

ブラウニング内閣（是れすら相当に独裁的であったが）を最後として、ワイマール共和国は、実質的に滅んだ。

ヒットラーが滅ぼしたと言うのは伝説に過ぎない。

形式的には、ブラウニングとヒットラーとの間に、フォン・パーペンとシュライヘルと、二代の内閣が続くが、殆ど独裁政権に近く、緊急大統領令の乱発に依って辛うじて政権を保つのみであって、ワイマール共和国の表看板であるデモクラシーは死んだ、と言って良い。

デモクラシーのエッセンスを集めて作ったと言われるワイマール共和国は、実は、過酷なヴェルサイユ条約の重圧と大不況に因って自滅した。

此の事を銘記して置いて頂きたい。

デモクラシーがダメだと言うので独裁制にしてみたが、パーペンもシュライヘルも、矢張り内外の難問を解決することは出来なかった。

ナチスは、ワイマール体制の打破と失業の救済とを公約して社会民主党政権――ワイマール共和国時代の過半の期間は、社会民主党が政権の座に就いていた――を攻撃して、国会に於ける議席数を増して来たのであったが（尤も、最後の選挙だけは例外）、こんな、途轍もない事が、果たして出来るのであろうか。

皆な、奇蹟が起きても、そんな事が可能だとは思わなかった。

一九二九年の大恐慌に始まった不況は世界中に蔓延（広がり、蔓延る事）し、世界中の如何な

ヒットラーとワイマール共和国変遷史

1918年11月9日	ヴィルヘルム2世退位。共和制の樹立を宣言
11月11日	コンピエーニュの森で連合軍とドイツとの休戦協定調印
1919年1月19日	国民議会選挙実施。その結果社会民主党を中心とする連立政府誕生
6月28日	膨大な賠償金、軍備の制限、領土の割譲を含むヴェルサイユ条約調印
8月11日	大統領権限の強い共和制、州による連邦制などのワイマール憲法公布 インフレと不況が国民生活の困窮と混乱を招き、左派によるストライキや暴動、右派による一揆などが頻繁に起こるようになる
1921年3月	ロンドン会議によって毎年20億マルクと輸出額の26%を30年間支払う賠償方式を受諾。この頃、ナチスに突撃隊（SA）創設
1922年4月16日	ソビエト政権の承認､賠償債務の放棄を定めた独ソ間のラパッロ条約締結
1923年1月11日	フランス・ベルギーによりドイツ屈指の工業地帯ルールを占領される インフレが天文学的な規模となり、28%が完全失業者、42%が不完全就労状態に。ヒットラー、ビアホール一揆で投獄される
11月15日	パピエルマルクからレンテンマルクに通貨切り替え、これによりインフレの鎮静化に成功
1924年8月16日	1年あたりの賠償金支払いを緩和してくれるドーズ案を受諾。この後､景気が好転する。この頃ヒットラー､獄中で「我が闘争」を口述筆記
1925年4月26日	かつての参謀総長ヒンデンブルグが大統領選挙で勝利 同年12月にロカルノ条約が締結され、欧州の安全保障体制、ロカルノ体制が成立。ナチスに親衛隊（SS）創設
1926年9月8日	国際連盟へ加入、常任理事国となる アメリカ資本の投入などで好況が続き、28年には失業率が5%台に。この安定期は「黄金の20年代」と呼ばれている
1929年10月24日	この日に発生した世界恐慌によりアメリカ資本が引き揚げられ、景気が減速。失業者が200万人を超える
1930年9月14日	国会議員選挙が行なわれ、107議席を獲得してナチスが第2党に躍進。この年の末には失業者が400万人を超えた
1932年4月10日	2次投票でヒンデンブルグが大統領に再任（2位はヒットラー）
7月31日	ナチスが国政選挙で230議席を獲得して第1党に
1933年1月30日	ヒットラーが首相に就任し、ヒットラー内閣成立（ヒンデンブルグ大統領が任命する）
3月24日	全権委任法成立。ワイマール憲法は事実上、空文化した
8月3日	ヒンデンブルグ大統領の死去に伴い、ヒットラーが国家元首を兼任し、総統となる

林健太郎著『ワイマル共和国』（中公新書）を基に編集部が作成

る指導者も、是れを如何(いかん)ともする事は出来なかった。

〝不況ぐらい〟と言う勿(なか)れ。

今でも不況は決して喜ばしい事ではないが、失業してもルンペンになる者はいない。況(ま)して、餓死する事なんか考えられない。

が、三〇年代の不況は、こんな生易(やさ)しいものではない。

会社が破産しても会社更生法等はなかったから、社長は首でも縊(くく)り、労働者は路頭に迷うしかなかった。再就職のチャンスなんか、先(ま)ず有り得ないと覚悟した方がよい。

潔く餓死するか。度胸(どきょう)があるなら、ボニイ・アンド・クライドの様にマシンガンと自動車を掻(か)っ払って、『俺たちに明日はない』強盗旅行に旅立つか。

是れはアメリカの話だが、ドイツではそんな連中がナチスに入り、或(ある)いはナチスを支持した。

だから、ヒットラーは、どんな事をしてでも、不況を克服しなければならない。

ヒットラーが首相に任命された理由

だが、世界中の政治家と言う政治家が失敗した、と言うよりも、茫然(ぼうぜん)(余(あま)りの事に呆(あき)れ果て)自失(じしつ)(どうして良いか分からず、途方(とほう)に暮れる)している、此の不況と言う怪物を、ヒットラーなんぞに退治する能力があるんだろうか。

ヒットラーが、煽動者（アジテーター）として天才である事はよく知られていたが、行政能力があるとは、誰も思ってもみなかった。こんな野良犬みたいな男に、現実的な行政が出来る訳がない、と思っている人が大多数であった。

共産党と社会民主党とは、ナチスの様な〝歴史の法則に逆らう〟政権が長続きする事は有り得ない、マルクシズムのドグマを信じ切って、お互いこそ最大の敵だとして、対ナチス共同戦線を張る事なく、依然として、啀み合っていた。

両党の議会勢力を合計するとナチスを上回るのだから（社会民主党百二十一名、共産党百名）、両党が共同戦線を張っていたら、ナチスなんぞ消し飛んでいたかも知れない。

ナチスが果たして公約を果たし得るかどうか、其れ以前の問題として、ヒットラーは思う儘に政策を実行する事が出来るのかどうか、此の点に関しては、就任当時のレーガンアメリカ大統領と比べても、比較にならない程ヒットラーの困難は大きかった。

ナチスの議席数が過半数に満たないだけでなく、ヒンデンブルグ大統領が、てんでヒットラーを信用していないのである。と言うより、嫌い抜いていたと言った方がいいだろう。

そんなに大嫌いなヒットラーを、何故首相に任命したのかと言うと、ナチスが余りにも暴れて五月蠅過ぎるので、「そんならお前やってみろ」と、一度やらせてみたら、忽ち無能を曝け出して、ナチスは政治に対する発言力を失って没落して行くだろうと、こう考えたからである。

是れは上手い手だ。

嘗て明治時代、薩長藩閥政権は、此の手を使って成功している。

政権を壟断（独り占めに）する薩長政権に対する自由民権主義者の攻撃は凄まじいものがあり、全坤輿（全国中）に、澎湃（盛んに盛り上がる）たるものがあった。是れを恐れた藩閥政権は、そんならお前等やってみろと、自由党党首の板垣退助と、立憲改進党党首大隈重信とに大命降下（天皇が内閣を作ることを命ずること）させてみた。

是れが隈板内閣であるが、果たして此の内閣は、何ら成すところなく、僅か四か月で倒れ、自由民権論者の不能振りを天下に曝し、是れが祟って、最も過激な自由党（福島県知事三島通庸は、「火つけ強盗自由党――なんとゴロのいいことか――は、一匹も置いておかぬ」なんて言ったが）は、やがて政友会と名前を改めて藩閥の首魁（親玉）伊藤博文を総裁と仰ぐに至る端緒を開いた。

戦後にも、社会党政権片山内閣の余りの無能振りが、社会党を永久に政権から遠ざける一つの大きな原因となったのは、大方（と読むと、〝おおかたの人〟と言う意味でなく、識見の高い人と言う意味になる）の知る所である。

是れと同じ事をヒンデンブルグ大統領が試みたのだ。其れでも、余り気になるとみえて、お気に入りのフォン・パーペンを副総理として入閣させ、ヒットラーが、余りにも無茶なことはやらない様に、監視させる事にした。其の上、十人の閣僚の中(うち)、ナチス党員は三人だけ。ヒットラー内閣は、連立内閣としても、片山内閣なんかと比べてさえ、ずっと弱体であったのだ。

史上不朽の凄言と左派退治

しかし、ヒットラーは言った。

「余(よ)は、屍体(したい)となって担(かつ)ぎ出される場合を除いては、決して此の首相官邸(ライヒス・カンツライ)を去ることはないであろう」

何と予言的な言葉だろう。

いや、予言以上だ。ヒットラーは、屍体となっても首相官邸を去ることはなかった。其処(そこ)で焼き尽くされ、ジンギスカンの如く、墓もなく、屍体を発見した者はいない。

当時、ドイツでベストセラーになったブロマイドに、フリードリヒ大王、ビスマルク、ヒットラーの三人の写真が並んでいる。説明文にはこうある。「王(ケーニッヒ)が基をきずき、大宰相(ライヒス・カンツラー)がつくりあげた帝国(ライヒ)を、兵士(ゾルダート)が復活させて発展させる」と。

上は大統領から、下は街頭の人々の大多数の思惑とは全く違って、ヒットラーは此の様に決意していた。そして、其れが必ず可能だと信じて少しも疑わなかった。

だが、弱体の内閣をどうする。

国歩艱難（困難で苦しみのた打ち回っている）弱小化したドイツをどうする。

此の時突然、ドイツの国会議事堂が炎上した。

そして、元オランダ共産党員であったファン・デル・ルッベと言う男が、裸で飛び出して来た所を、ドイツの警官に捕まる（ヒットラー執政の初期に於いては、ドイツ警察は、必ずしも、親ナチではなかったことに注意！）。そして、私が火を点けましたと自白する。

途端に、ゲーリングは、大車輪の活動を開始した。

何が何でも、此のチャンスに、共産党員を、皆殺しにせずんば止まじ、と言うのだ。

正規の警官に余り信用を置いていない彼は、続々として、ナチス党員を警官に任命した。そして、史上不朽の凄言を吐くことになる。

「尋問してから発砲するのではない！　発砲してから尋問せよ！」と。

要するに、社会主義者や共産主義者みたいな奴は、見付け次第撃ち殺せ、と言うことだ。

此処まで来ると、とても〝暴言〟なんてものでは済まないだろう。

「検事を電信柱に逆吊りにしろ」なんて言うくらいでは、ゲーリング君に聞かれたら、お恥ずかしい限りだ。

彼は、手下のナチスに言う。「キミの銃弾はオレの銃弾だ。直ちに引き鉄を引け。責任は全部オレが負う」と。

此処まで大臣に言われたら、フラストレーションから来るコンプレックスの塊のナチスの若者が、暴れたって言うの、言わないのって、正にメチャクチャな状況が当時のドイツに現出した。

忽ち、あっと言う間に、丁度百名の共産党代議士は、牢屋に入れられてしまった。是れだけで既にもう、国会の構成は、根本的に変わる。

ナチス政権は、国会議事堂に火を点けたのは、共産党員であると言って、どんどん宣伝した。

何と言っても、元オランダ共産党員ルッベが捕まえられているのだ。とは言っても、此のくらいの事で、第三党で百名もいる共産党員を、忽ち牢屋にブチ込んでしまうというナチスの荒療治には、忽ち社会民主党（当時、最高の権威のあるマルクス主義政党）が、ブルブルッと、震え上がってしまった。ヒットラーなんて奴とケンカしたら最後、どんな目に遭うか分かったもんでないと悟った。

それ以来、ドイツ社会民主党は、カウツキー以来の名誉も社会的地位も何のその、実質的に見るも無惨な、敗戦主義者に成り果ててしまったのであった。

ヒットラー独裁を暫定四年と見た誤算

一九三三年三月二十三日。ヒットラーは、ドイツ国会に、「全権委任法」を提出した。

此の法の主旨を、一言で要約すると、「政府は何をやっても良い」と言う事だ。

これが成立すれば、ドイツは、ヒットラー独裁政権となる。

此の法案が、ドイツ国会に上程された時、ナチスの突撃隊（ＳＡ）は、国会を取り囲んで、大いに気勢を上げた。反対する者は、殺さずば止まじの勢いだ。

だが、こんな事で腰を抜かしていたのでは、代議士は務まるまい。

「板垣死すとも自由は死せじ」ではないが、こんな時にこそ、カッコいい科白を吐いてこそ、代議士業も、中々いい商売と言うものだろう。それが、ヘコヘコとヒットラーの言い成りになったのでは、ナポレオン当時の、フランス国民議会にも劣る。

ところがどうだ。ヒットラーに対する「全権委任法」は、共産党代議士こそ全員、牢屋に入っていて賛否の討論にも票決にも参加できなかったとは言え、社会民主党九十四票の反対に対し、賛成四百四十一票で成立してしまった。

本より是れは、時限立法であり、四年経てば無効になるものであった。

此の「全権委任法」を、唯額面通りに解釈すれば、ヒットラー独裁は四年の限りのものであって、四年が過ぎればまた、ワイマール共和国の自由と民主とが戻って来る筈であった。

だが、ヒットラーの場合に限って、こう上手く行くものかどうか。

是れは誰も、考えてもみなかった。

〝委任独裁〟と言う考え方は、既に古代ローマにある。国が危うくなった時、ど偉いオジサンに頼んで、暫く独裁官になって貰う。**是れは別に、〝デモクラシー〟とは矛盾しない**。

危機が去れば、どんなに偉いオジサンでも、元のオジサンに返って貰えばいい訳だ。

十九世紀にアメリカで使われた教科書ナショナル・リーダー（National Reader。これは、明治以来、日本でも、盛んに使われた）にも、こんな例は多い。

「……ワシントン（初代アメリカ大統領）は農夫であった。……その彼が、壮年期には、アメリカ革命（American Revolution。アメリカ独立戦争のことを、アメリカ人は誇り高く、このように言う）を成就せしめた。……そして彼は、晩年また農夫に戻ったのであった」

是れが、アメリカ人の理想だ。

国歩艱難（国の運命が危うい）な時には、偉いオジサンに頼んで独裁官になって貰う。
そして、巨大な権力を振るって国を助けて貰うのだが、其れ程までに偉いオジサンでも、国難が去れば元通り。国民皆の感謝感激は受けつつも、要するに、其れ止まり。後はまた、元通り、百姓でも土方でもやって、ヨイトマケのドッコイショと暮らして行く。

是れがまあ、〝デモクラシー〟の理想とも言うべきものだが、本来、委任独裁とはこう言うものであり、其れは決して、デモクラシーと矛盾する事ではないのである。

ヒットラーから、「全権委任法」と言う、其れこそヒットラーに国家権力の全部を任せてしまう様な法案を突き付けられた時、中央党（カトリック民主党）も、其の他の民主勢力も、屹度こう思ったに違いない。「何しろ、**是れは時限立法」だから**。

全権委任法成立で史上最強内閣へ

ところが、ヒットラーは、そんな生易しい玉ではなかった。

誰でもそうだが、今正に目の前にいるオジサンは、其れ程飛び抜けて偉いとは思わない。是れが歴史上の鉄則だが、ヒットラーの場合も、同じ事であった。

此の当時、ヒットラーの舌鋒は頗る鋭しく、論敵を薙ぎ倒して余す処がなかったが為、彼に対する誹謗（悪口）もまた山積（山の様に積み重なる）していた。
今日、我々がヒットラーに関して知っている悪口の殆ど全ては、当時既に言われていた事であった。

こんなヒットラーに、どれ程の事が出来ようとも思わないが、突撃隊も暴れて困る事だし、時限立法なんだから、デモクラシーとも矛盾しない。まあ、こんな気持ちで、当時のドイツ人は全権委任法を通してしまったのだと思われる。

尤も、是れは大変な誤解である事が明らかになるのだが、其れは、後の祭りだ。

彼等にとっては、どうしても此の男、ルンペン上がりのヒットラーなんて男が、アレクサンダー、シーザー、ナポレオンとも比すべき男だとは、どうしても思えなかったのだ。

一九三三年三月二十四日。遂に、全権委任法は、ドイツ議会を通過して成立した。

此の日、突撃隊は、手に手に、松明を掲げて、街頭を練り歩いた。

既にヒットラー政権は、議会を解散して第一党の地位を揺るがないものにしていたとは言うものの、未だ、議席にして二百八十八、得票率にして四四パーセント強、過半数には、程遠いものではあった。

しかし、其れが今となっては何だ。マルクス主義政党を別にすれば、本来、コチコチの復古主義者の国権党始め、ドイツの中央集権化には何方(どちら)かと言えば反対の中央党も、バイエルン・カトリック人民党も、全ての政党が、ヒットラーに対する〝全権委任法〟に賛成したのであった。

一九三三年一月三十日、ヒットラーが政権を取った日に於いては、ヒットラー内閣は、見るもみすぼらしい弱体内閣であったが、「全権委任法」が成立するや、史上最強の内閣となった。其の切っ掛けたるや、「国会議事堂炎上事件」にあるので、是れはゲーリングが遣ったに違いないと、今に至るまで、ずっとこう思われて来た。当時、彼は、ドイツ最大の領国(シュタット)(Stadt)プロイセンの内相だ。其の権力を以ってすれば、どんな陰謀だって可能である。

何と言っても、タイミングが良過ぎる。

そこで、ジャーナリストも学者も、ゲーリングが遣ったものと思い込んでいたのだが、最近の研究――歴(れっ)きとした歴史家の実証的研究――に依(よ)ると、別に是れは、ナチスが火を点(つ)けたと言うのではなく、自然発火だと言う事だ。此の様な研究論文が、幾(いく)つか発表されている。著者は勿論、ナチスでも何でもない。現在の西ドイツ的風潮からして、寧(むし)ろ反ナチと言った方がいいだろう。そういった人々が、こう言う論文を書くのだから、公平に見て、客観性があると言っていいだろう。

歴史に於いては、指導者が是れだと決意すると、奇蹟としか言い様のない事が、次々と起こる。

こう言う事が、実によくあるのだ。此の点、ヒットラーも同様であった。

戦争が不況克服の全てではない

強運(ツキ)がなければ英雄・大政治家にはなれない

世界史を見て、大変印象的な事は、〝英雄〟と呼ばれる人々の運の強さである。

是れから論じてゆく事であるが、ヒットラー治世の前半、是れは驚くべき好運に恵まれていた。

此の点、ナポレオンとヒットラーとは、大変よく似ている。

或(あ)る将軍の任命が話題となった時、ナポレオンは、「あいつは運が悪いからダメだ」と言った。

彼の臣下の〝元帥達〟は、「運の良し悪し、其れは本人の責任ではないでしょう」と言って取り成そうとしたが、ナポレオンは、どうしても聞き入れなかったとか。

〝英雄伝〟で有名なプルタークは、「運もまた実力の一部である」と言っている。

其れにも況(ま)して、幸運の連続でスタートするのが、ヒットラー十二年の執政の前半である。

正に、奇蹟の連続だと言っていい。

ナチスの代表的イデオローグ、ローゼンベルグの主著は、『二十世紀の神話』と言うのであるが、ヒットラーの生涯を辿ると、正に〝神話の時代、未だ終わらざるなり〟と言うカーライルの言葉を思い出さない訳にはゆかない。

一九三三年、ヒットラーが天下を取った時、内外共に困難にも満ち満ちていた、と本章の冒頭に於いて、こう書き出した。正に、国歩艱難を地で行く様なものだ。

是れを彼が、如何にして克服してゆくか、其れが本章の最初のテーマなのであるが、シャイラーの有名な『ヒットラー伝』(Shirer, W.L., *The Rise and Fall of the Third Reich*) には、「ヒットラーが三十歳になったとき、彼の人生は、もうお終いのように見えた」とある。是れは、当時のオーストリアやドイツの社会状況からすれば、正に其の通りだ。

シュテファン・ツヴァイクが『昨日の世界』に書いている様に、二十世紀初頭のヨーロッパは、平穏そのものであった。「戦争」だの「革命」だの、そんな野蛮な事が、今後また起こるなんて、誰も考えてもみなかった。ヨーロッパの世界支配は確乎として不動のものであり、永遠に続くと、人々は皆なこう思っていた。

となると、ヨーロッパ人にとっては、この上なく結構な様に見えるが、其れほど単純なものでもない。

ツヴァイクの言う様に、当時のオーストリアでは、「……何時どんな風に昇進するか、何時から幾らの年金や恩給が貰える様になるか、……其の時期も程度も、皆な分かり切っていた……」となると、そんなコースに乗れた人にとってこそ、世の中、安穏至極と言うものだが、そんなコースに乗れなかった人にとっては、是れはどうしようもない、と言う事だ。

それも、英国の様に、世界中に植民地があるとでも言うのなら、手の付けられないハグレ者は、英国のインド支配を確立したクライブの様に、インドにでも行って大暴れと言う手がなくもないが、ドイツやオーストリアに、そんな植民地があると言うのでもない。当時のヨーロッパは、典型的な階級社会であったから、爵位や金や学歴のある者にとっては快適至極な所であったが、下層民にとっては、今日では想像も出来ない悲惨極まりない所であった。

当時の労働者の生活がどんなに悲惨であったか。ヒットラー『我が闘争』に於ける話と、マルクスの『資本論』に於ける話とが、大変よく似ているのも面白い。

「……労働者の七人家族がしめっぽい地下室に住んでいる。部屋は二つだけだ。こうもギューと詰めこまれると朝から晩まで喧嘩口論の連続。親父が酔っ払って帰って来て、おふくろに殴る蹴るの暴力。とんだ実物教育だ。怖るべき口汚さで泥芥のごとく下品な考えにひきずりこむ。子供にも、大人さえ怖気をふるうようなことが分かってくる。そのうえ、肉体的には栄養不良、

頭には虱をわかして小学校に入ってゆく」（『我が闘争』より）

其の労働者が資本家や貴族になれるチャンス。ヨーロッパでは、今でもそうだが、況してや当時、そんなチャンスは、先ずないと言った方がよかろう。

三十歳になった時のヒットラー。実業学校（エリート・コースに乗る人は、ギムナジウムへ行く）さえ卒業していないヒットラー。絵描きとしても、建築家としても、全く才能のない事が証明されたヒットラー、何の定職もないヒットラー。

そんな彼に、どんな将来が残されているのだろう。

誰が見ても、彼の一生は終わったも同然であった。

ドイツ史上初の独裁官が誕生

兎も角、国籍さえ三年前にやっと取ったばかりのヒットラー。十四年前の三十歳の誕生日には、もう一生が終わったも同然だと言われたヒットラー。従軍してその勇気を称えられ、一級鉄十字章（是れは、第一次大戦時のドイツ軍では、滅多に貰えない、余程破格の、抜群の戦功を挙げないと貰えない勲章であった。彼は、終生これを誇りにし、あの勲章嫌いのヒットラーが、此の勲章だけは、折りに触れて身に付けていた）を授けられたとは言え、伍長勤務上等兵（日本軍の「兵長」に相当る）

以上には昇進できなかったヒットラー。其の彼が、政治運動を始めてから十四年で、四十四歳の若さで首相となり、「全権委任法」を成立させて独裁官となったのだから、是れだけで既に、『二十世紀の神話』であり、奇蹟に近い。

しかし、其の後、彼が矢継ぎ早に行なった治績、是れこそ、奇蹟に近いどころでなく、正に奇蹟そのものであり、史上最有能の独裁官と言って良いだろう。

ヒットラー執政以前のドイツは、各領国が、各々独自の内閣、議会から外交官まで持ち、半独立に近く、到底真の意味での統一国家とは言えない存在であったのだ。

しかし、ヒットラーは、“Ein Reich, Ein Volk, Ein Füher”「一つの国家、一つの民族、一人の指導者」のスローガンの下、此のビスマルク以来の六十年来の懸案を、其れこそ、あっと言う間に解決し、是れで有史以来初めてドイツは、政治的に統一国家となった。

彼は何をしたか。

二十五の領国の各々に、統監を派遣して、政治的独裁権を握らせてしまった。

統監は、首相を始めとする閣僚の任免権を持ち、議会の決定に縛られる事もなく、ヒットラーの命令さえ聞いていれば良い。

しかし、何と言っても、中世以来、何百年の政治的・文化的伝統のある各領国の事である。

どの領国（シュタット）もドイツ国（ライヒ）よりも古いのだ。

嘗（かつ）て私は留学中のハーバード大学で、こんな体験をした事があった。

パーティーの時、或（あ）る教授が、ハーバード大学は、アメリカ合衆国より古い、と言って自慢した。是れを聞いた、或（あ）るドイツの教授は、「ドイツには、ドイツ国より古くない大学なんか、まあありませんな」と言った。

ドイツの大学は国立であるが、其れは、領立（シュタット）と言う意味であって、国立（ライヒ）と言う意味ではない。各領国（シュタット）は、自分の国の大学を誇りにし自慢する。

今の日本みたいに、何でも東大なんて言う風潮はない。

ヒットラーが天下を取った時も、各領国（シュタット）の人々も、まあ、中央政府はナチスに任そう。しかし、オレ達の事、余り口出しして貰（もら）いたくないと、こんな具合に思っていた。

バイエルンの様に、統監なんて赴任させてなるものか、そんな者がやって来たら、国境で逮捕するぞ、とまで息巻く領国（シュタット）さえあった。

しかし、こんな中世以来の誇りも、ヒットラーの鉄の意志の前には、脆（もろ）くも崩れ去った。

ナチスは、中央政府だけでなく、二十五の領国も悉（ことごと）く支配下に置き、是れでドイツは、封建色を一掃し、晴れて中央集権国家となった。

ヒットラーこそケインズ理論の実践者

しかし、是れなんぞ、未だほんの序の口である。ドイツ国民が、教養もないヒットラーを指導者として仰ぎ、ギャング以上に暴力的なナチスに政権を任せたと言うのも、九百五十万にも及ぶ失業者を救済し、ヴェルサイユ条約の鉄枷(かせ)からドイツを解放させる為である。

ドイツ人が、ヒットラーの様な大学も出ていない無教養人を如何(いか)に軽蔑するか、ちょっと日本人には、考えられない程である。

そんなドイツ人が、大学どころか、実業学校さえ満足に出ていないヒットラーを、独裁的指導者に選んだのだ。

過酷なヴェルサイユ体制の打破と、失業救済と、何が何でもやって見せないことには、〝火の試練〟を有耶無耶(うやむや)にしてフィレンツェの支配権を一夜にして失ったサボナローラの如く、熱狂的にヒットラーを支持して来た群衆は、大挙して、彼に石を投ずる事だろう。

中曽根康弘が行革をウヤムヤにしてしまう、そんな具合には、決して行かないのである。

しかも此の二つ、今、考えても気の遠くなる様な、難事中の難事であるのだ。

不況の嵐は世界中を吹き荒(すさ)び、誰もどうして良いやら分からない。世界経済のチャンピオンたるイギリス、そしてアメリカだって例外ではなかった。

イギリスは、経済学の本場でもあった。

世界最高の経済学の権威と見做された人物は、アルフレッド・マーシャルの講座の後継者セシル・ピグー（Pigou, A.C.）教授であった。

不況と失業と、どうしたらいいんでしょう、とお伺いをたてる。

ピグー教授は答える。

労働者の賃金率(The rate of wage）が高過ぎるから失業が出るんだ。賃金率を下げれば、労働力の供給は減り、需要は増す。是れで失業は減るはずだ。其れでも未だ失業者が残っていたら、更に賃金率を下げたらいい。もっと減るだろう。そして、労働力の需要と供給とが等しくなる点まで賃金率を下げてゆけば、失業は綺麗に解消するはずである。抑々失業が発生すると言うのも、労働組合が、経済法則が許すよりも、不当に高い賃金率を要求した上に、賃下げに反対するからいけないんだ、と。

ケインズ（Keynes,J.M.）は、此の説を冷笑って、賃下げなんて、実際上、出来ない話だ。其れに、仮に、名目賃金率の引き下げが出来たとしても、そんな事をすれば、物価も比例して下がるから、実質賃金率を引き下げた事にはならない。失業救済の効果なんかあるもんか、とピグーに反対した。

此の頃こそ、ケインズ説の評判は頗る悪い。

ロナルド・レーガン氏が第40代アメリカ大統領に就任した時、私は就任式に招かれてアメリカへ行ってみて驚いた。ニューディール以来、半世紀にも亘ってアメリカの経済政策を指導してきたケインジアンが、一人残らずクビを切られていた事であった。

しかし、如何にケインズが曠古の経済の天才と雖も、五十年も前の学説で、当時とは、全く条件の違ってしまった現在の経済の分析がし難くなったからと言って、だからケインズはもう役に立たないと論ずる事は、幾ら何でも酷過ぎる。もし、ケインズが、タイム・マシンに乗って現在にやって来たら、マネタリスト（反ケインズ主義者の事を、専門用語ではこう言う）の政策をも加味した政策を提案したに違いない。

何れにせよ、所謂「ケインズ理論」とは、一九三〇年代の大不況を分析する為の理論なのだ。其れ故、三〇年代の不況の分析に成功したとすれば、其れだけで十分、歴史的任務は果たし終えたと言わずばなるまい。

三〇年代に於いてこそ、ケインズ理論は、現実分析の為の最適の理論であった。

此処まではいいとして、「其のケインズ理論を実行して最大の効果を挙げた者、其れがヒットラーである」と此処まで言うと、驚く人が多い。

しかし、是れは本当の事なのだ。

三〇年代に於いてケインズを本当に理解していた者、其れがアドルフ・ヒットラーであった。

此処まで言うと、著者の正気を疑う者だって、出て来るだろう。ところがどうして、本当の意味でケインズ政策を実行した者、其れがヒットラーであり、彼しかいなかったのであった。

「平和主義」を掲げた狙いとは？

ヒットラーは、元々過酷なヴェルサイユ体制の打破をスローガンにして伸びて来た。

ヨーロッパ人の過半数は、平和の美酒に酔い痴れていたとは言え、心の何処かには未だドイツの脅威の感触が残り、対独コンプレクスも大きかった。あのドイツが、過酷この上ないヴェルサイユ条約で痛め付けられたのだから、此の儘引き下がってしまう事は断じてない。必ずやチャンスを見付けて、恨み重なる英仏に向けて、報復の戦いを開始するだろう。

チャーチル等は、ヒットラーの勢力が未だ余りにも小さくて世人の注意も余り引かず、其の主張が余りに現実離れしているとして人々の嘲笑を買っていた頃、早くも、其の恐るべき力と、脅威に付いて警世の言を放っていたのではあったが、是れに本気で耳を傾けようとする人は、余りいなかった。

「ドイツの復讐劇」と言っても、まあ、明治、大正頃の「日米未来戦もの」みたいなもので、ストーリーとしては面白いが、現実性のあるものだとは考えられていなかった。宇宙戦物とまでは行かずとも、現在、第三次大戦の可能性に付いて人々が考えるよりも、其の可能性は、ずっと低いものだとされていた。

其の理由は、第一次大戦の惨害が酷過ぎたため、もう一度、大戦なんぞが起こったら、ヨーロッパ文明は破産するだろう、だから、決して起こりはしまいと言うのだ。

今、考えれば、楽観的を通り越して空想的なヨーロッパ人の身勝手な理由だが、此の頃は、ヨーロッパが世界の中心だと考えられていたのだから、まあ、仕方もあるまい。

ヨーロッパ中を見回しても、本気で「戦争を巻き起こしてやるゾ」なんて公言して憚らない者と言えば、ヒットラーしかいなかった。

そこで、ヨーロッパのジャーナリストは、ヒットラーの勢力の消長を以て、戦争の可能性のバロメーターとしていた程であった。

其のヒットラーが、皆な、真逆と思い込んでいたのに、到々本当に、天下を取ってしまったのだ。

ヨーロッパ中が色めき立ったのも当然である。

チャーチルは、是れで戦争は、可能的なものから必然的なものとなったとまで断言したが、世の野次馬共は、騒ぐのは大好きだが、本気で考えてみたりはしない。

其処（そこ）がヒットラーの付け目だ。

彼は施政方針演説で、平和への希望と確信とを、特に強調して言った。

「私ほど平和を愛する者はいない。今のヨーロッパとドイツにとって必要なのは平和だ。ドイツが今、置かれている地位に付いて満足していないのは確かだ。しかし、諸国とドイツとの間の懸案事項は、全て、平和的交渉に依って解決され得るものばかりである……」

とか何とか、耳当たりの良い事を言って、

「……私は、ドイツにも、其の他のヨーロッパ諸国にも、戦争事由（カウズ・ド・ベリ）なんか一つも見出し得ない、こう確信する」

と結んだ。

万雷の如き拍手である。

とは言っても、ドイツ国会（ライヒス・ターク）は、全員、与党ばかりなのだから、是れ、サクラと言ってしまえば其れまでだが、ヒットラーの演説には、全ヨーロッパが反応した。

ある程度ヒットラーの出現を気にし、気味悪がっていた全ヨーロッパは、是れで安堵（あんど）してしまった。

平和を説く者、必ずしも平和を齎さない

政治家は、無責任時代にこそ勝手な事を言うが、そんな時には、言わせておけばいいではないか。天下を取ったら、現実的にならざるを得ないものである。

「政治」と言う事に、少しでも理解のある者だったら、誰だってこう考える。

フランスに、「大臣になったジャコバン（過激派）は、最早ジャコバンではない」と言う諺があるが、ジャコバンとは限らず、クレマンソーだって誰だって、皆なそうだったではないか。

ドイツの宿敵フランス人は是れを思い出した。

平和主義と言った所で、普通それは、宗教やイデオロギーとは違う。戦争主義者が平和主義者に転向してくれると言うのなら、何時でも大歓迎だ。一貫性を欠くの、無節操のとは誰も言いはしない。

犬牙錯綜（犬の牙の様に互いに食い違ったり入り組んだりしている様）した政局で苦労して来たヨーロッパ人なら、誰でもこう思う。

ヒットラーは、其の後も、あらゆるチャンスを捉えて、平和を強調した。

そこで忽ち、ヒットラーは、歴きとした平和主義者と見做される様になってしまった。

そして、今から考えると、想像も及ばない事かも知れないが、其のヒットラーの欺瞞性と戦争の脅威を説くチャーチルの方が、〝戦争屋〟と呼ばれ、世の〝平和屋〟の攻撃の的となる程であった。

と言うと屹度、人々は、そこがヒットラーの梟悪（悪がしこい）で、油断のならない所、と言うであろうが、そうも簡単に印象だけで事を論じられないのが、〝政治〟と言う事の重みである。

今でこそ、ヒットラーと言えば、悪人の標本みたいに言われているが、当時は、そうは見られていなかった。

経済大臣としてヒットラーに協力したシャハト博士は、戦後、ニュルンベルク裁判で戦犯に問われそうになった時、「何でお前はヒットラーになんぞ協力したんだ。彼の世界征服計画は、ちゃんと『我が闘争』に明記してあったではないか。其れを知らなかったのか」と問われて、「誰が『マイン・カンプ』なんか本気にしたものか」と答えた。

『ヒットラー伝』の作者として、令名世界に遍きシャイラーは、

「一九三三年当時、ドイツ内外の知識人や政治家が、誰一人として『マイン・カンプ』を研究

もせず、読んですら見なかった事は、今思えば不思議千万である。ドイツ第三帝国設計の青写真は、悉く此の書にある。政権奪取後のヒットラーは、唯この計画を実行に移しただけだ。是れほど分かり易い事はない。

しかも、ヒットラーの行動たるや、全ヨーロッパの目に、不可解で奇想天外なものばかりであった。

もし、何人かの有力者が、本気になって、『マイン・カンプ』を読んでいたら、ヨーロッパに於けるヒットラーの惨劇は未然に防ぐ事が出来たであろう」

と言ったが、此の台詞、一九三三年に言えば、大した予言者の言葉だが、一九六〇年では、既に後の祭りもいい所だ。

何れにせよ、平和を説く者、必ずしも平和を齎さない。

是れだけは、銘記して置く価値がある。

〝平和屋〟の必死の努力が、却って第二次大戦を巻き起こす一大原因の一つを作った事は既に強調したが、ヒットラーも、其の政権担当の当初に於いては、平和主義者としての姿を全ヨーロッパに印象付ける事に成功した、此の事も、刮目に値しよう。

とは言っても、ヒットラーも何も、其れは世を欺むいて、敵を油断させて置いて、隙を見て襲いかかる、其れだけの目的でこうした訳では決してない。

彼の目的は、第三帝国の建設にあり、戦争も経済も、全て其の為の手段に過ぎないのだ。

経済の危機を救う事、是れは早急にやらなければならない事であるが、戦争、是れは、やらないで済む事なら、やらないで済ませたい。

是れは、如何なる政治家でも、正常なセンスを持っている者ならこう考える。

「ヒットラーは戦争はしない」と言う読み違い

ムッソリーニのドラ息子は、エチオピア戦争でちょっとばかり手柄を立てると、もうすっかりいい気持ちになってしまって、「戦争は最高のスポーツである」なんて発言して、甚く識者に指弾されたが、是れは一種の狂人の戯言である。

一九三六年までのムッソリーニは、国際的には未だ、猫の様に大人しかった。

だから、初めの頃は、ヨーロッパ諸国も、ヒットラーも大概、此のくらいの者ではないかと思った者が多かった。

元より、イタリアとドイツでは重要さが違う。

イタリアがファシストに乗っ取られたとて、ヨーロッパの均衡に大きな狂いは生じないが、ヨーロッパの中原に位置し、未だ限りない底力を秘めているドイツにファシズム政権が出来る、是れは大変な事だと、怯え切った人々も少なくなかった。

第一次大戦で、ドイツ軍が余りに強かったので、対独恐怖症患者は、ヨーロッパの至る所に、ウヨウヨと生息していたのであった。今でもソ連や中国が「日本軍国主義復活」と聞いただけで騒ぐ様なものだ。

是れに比べ、イタリア恐怖症患者なんか、いやしない。

後にヒットラーは、彼等の心理をフルに利用する事になるのであるが、先ずは、宥めておかなければならない。

そこへ、ヒットラーの平和攻勢だ。

〝平和主義者〟も〝ドイツ恐怖症患者〟も、双手を挙げて大歓迎したのも当然だろう。

ロンドンタイムスは、こう書いた。是れはまた、大多数のヨーロッパ人の希望でもあった。要旨をスケッチするとこうなる。

ビスマルクは、一八七一年、念願叶ってドイツ帝国を統一した時、帝国議会で演説して宣言した。「ドイツ帝国の国策は平和である。私の念頭には、平和の事しかない……」

是れを聞いて、ヨーロッパ中が唖然とした。

デンマークを討ち、オーストリアを撃破し、フランスに城下の盟(ちかい)を成(な)さしめ、たった七年の間に三回も戦争をして、ドイツ人がどんなに論争を重ねても作れなかったドイツ帝国を、プロイセンの軍事力を用いて強引に作り上げてしまった。

其のビスマルクが、何言ってるんだと世間は信じない。

ビスマルクが平和主義者なら、電信柱に花が咲き、死んだ金魚が泳ぎ出す。

いや、十九世紀ヨーロッパの論客は、上流社会出身だからこんな下品な表現は使わなかったが、要するに、こう言った。

しかし、其の後ビスマルクは、二十八年の執政の間、只(ただ)の一度も戦争をしなかった。

其れどころか、得意の外交手腕を縦横に駆使して、外国同士の戦争も悉(ことごと)く防ぎ止めてしまって、**幾度(いくど)となく、ヨーロッパを戦火から救った。**

実に、彼が、帝国宰相(ライヒス・カンツラー)であった間、ヨーロッパの天地に、戦塵(せんじん)が上がった事は、一度もなかったのであった。

ロンドンタイムスは此の様に論じ、ヨーロッパの人々は、此の事を思い出した。

事に依(よ)ると、昔日の〝復讐論者〟ヒットラーも、大宰相となり独裁権を入手した今日、或いは、ビスマルクの路を進むのではなかろうか。

何と其れなら結構な事ではないか、と。

ヒットラー独裁政権の成立で戦雲の立ち込めたヨーロッパには、平和の風が、颯々(さつさつ)と吹き始めた様に見えた。

チャーチル以外の、大多数の人々はそう思った。

しかし、ヨーロッパの現状は、其れ程甘くはなかった。

ビスマルクのドイツ帝国には、最早、戦争をしなければならない理由なんぞ、一つもなかった。長くドイツ連邦を牛耳(ぎゅうじ)って来たオーストリアは追い払ったし、ラインの彼方(かなた)で、虎視眈々(こしたんたん)と南ドイツを狙っていたフランスは降伏させたし、是れ以上、戦争に勝っても、ドイツが得るところは何もないのである。ところが、**ヒットラーの場合は違う。**

どうしても、戦争に訴えなければならない懸案が、山の様にあった。是れを彼は、如何にして解決していったのか。是れから〝二十世紀の神話〟、奇蹟の時が始まる。

経済を制するものが国を制す

不況と言う怪獣を如何に退治するか

しかし、ヴェルサイユ体制打破にも況して、焦眉の急たる事は、全労働者の三分の一をも超え、九百五十万に垂とする失業者を如何にするか、と言う事である。

古典派経済学の代表ピグーとケインズとの論争の走りに付いては、既にスケッチした。が、大分前の事になるので、其の触りを簡単に繰り返しておこう。

ピグーが、労働者の賃金率が高過ぎるのに、労働組合が頑張って引き下げさせない。是れが失業が発生する原因であるとするのに対し、ケインズは賃金率の引き下げなんか出来る訳がないし、仮に出来たとしても、無駄だ、と言う事にある。

レーガン大統領は、強引に賃金率を引き下げたが、其の頃の労働組合には、雇用のチャンスを増す為に賃金率を引き下げてもいいと言う発想はなかった。

現在でも、日本なら矢張りそうだろう。

賃上げが足りなくてさえストが起こり兼ないのだから、況して、賃下げなどしたら、大変な事になろう。

当時のヨーロッパでもそうだった。

が、此の難事中の難事を成し遂げた男がいた。

オーストリア首相のドルフスである。時に四十二歳、ヒットラーより二歳若いのだ。

二年程前、何の政治的体験もない田舎者ドルフスが首相に任ぜられた時、ウィーンの政界は驚いたが、ヒットラー劇の一幕目で、重要な脇役の一人であった。

ヒットラーと渡り合えた政治家はそう多くはないが、ドルフスも、其の一人であった。

打ち続く不況のため、オーストリアでも、デモクラシーが終焉して、ファシズムの時代となった。ドルフスも、ファシストの一種である。

しかし、彼は、ケインズなぞ信用せず、古典派経済学者の言う事を信じていた。

失業をなくす為に、労働者の賃金率を引き下げる事を思い立った。

では、先ず、どうした。大砲を引っ張り出して来て、社会民主党本部に射ち込んだ。

幾らドルフスだって、真逆ここまではやるまいと思っていた労働組合は、忽ち腰を抜かしてしまった。是れで、然しもの労働組合も、ドルフスの言い成りとなった。

昨日までは、虎の様に猛り狂っていた労働者も、是れで、猫よりも大人しくなってしまった。賃下げがどんなに嫌でも、砲撃されるよりは増しだ。

ドルフス首相は前代未聞の事をやってのけた訳だが、不況退治には成功しなかった。

一九三〇年代の大不況（世界恐慌）とは、其れ程まで、強かな怪獣であった。

政策の二本柱は軍拡と公共投資

其の怪獣も、ヒットラーに繋ると、忽ち、子犬の如く大人しくなってしまった。

彼は、政権を取るや否や、軍拡に乗り出した。

是れは勿論、ヴェルサイユ条約の禁ずるところである。

しかし、此の頃となると、幾ら何でもヴェルサイユ条約の締め付けは、随分きつ過ぎたと、連合国の方でも、些か反省して来ている。ドイツの様な大国を、何時までも丸腰に近い状態で放置して置くと言うのも、どう考えても不自然である。

余り目に余る事さえしなければ、或る程度までは、見て見ぬフリをする積りになって来ていた。

ヒットラーは、其処に付け込んだのだ。

当時のドイツに、こんな小話がある。

乳母車が欲しくても買えない男がいた。

そこで、製造工場に勤めている友人に頼んで、部品を少しずつ盗んで貰う事にした。そして、組み立てていったら出来上がったのを見て驚いたの何のって。戦車になっていたとの事。

軍事産業がフルスピードで始動開始をすると同時に、アウトバーン（Auto-Bahn 高速自動車道路）に代表されるあらゆる種類の土木工事を支柱とする公共設備投資を続々と行なった。

ヒットラーが政権を取った一九三三年は、アメリカではルーズベルトが、現職の大統領フーバーを破って当選した年でもある。

ルーズベルトは、有名な〝ニューディール政策〟で不況を克服しようとするが、其の遣り方たるや、ヒットラーほど徹底したものではなかった。

ニューディールを転機として、アメリカで、ケインズ主義者が力を伸ばす様になり、レーガン政権が成立して悉くクビを切られるまで、政府の要職を占めて、半世紀にも亘ってアメリカの経済政策を指導する様になったのであったが、ニューディールの初期に於いては、アメリカ人は、良くケインズ理論が飲み込めていなかった様である。

だから、ハンセン教授（Hansen, A.H.）が強調している様に、アメリカの景気は、行きつ戻りつ、パールハーバーに至るまで、終に失業者を一掃する事は出来なかった。

大東亜戦争が勃発して、軍事産業を軸にして、巨大なアメリカ経済がフル回転を始めると、戦前よりも却って国民の生活水準が向上した。戦争を始めて生活水準が向上するなど、日本では丸で考えられない事だが、是れは全く、本当の話である。

これで、ケインズ理論が正しい（少なくとも、当時の経済を分析するなら）事が実証された。

しかし、ケインズのエッセンスを見抜き、世界で初めて実証したのがヒットラーであった。

インフレなき好景気の秘訣

ヒットラーの経済政策が大成功であり、ニューディールが何方かと言えば失敗であった事は、ヒットラー自身、一九四一年十二月十一日、対米宣戦布告に付いての議会演説で誇らしげに、

「……私が、ドイツ経済復興で大成功を収めたのとは、正に正反対に、ルーズベルトは失敗した。……彼が私を憎んで、反独的言辞を弄する理由は是れだ……」

と言ったが、経済政策に付いては、誰が見ても、ヒットラーに軍配が上がる。

ヒットラーを補佐したのが、彼の「マルクの魔術師」シャハト博士。と言うより、ヒットラーの経済政策を実行に移したのが、シャハト経済大臣である。

彼は、其の自伝で、

「私は、経済に於ける独裁官であった。ヒットラーは、実際の経済運営に関しては、ほとんど口出ししなかった。私は、経済に関しては、思う儘に何でもできた……。……我々の前には、解決を迫られる難問が山のようにあったが、その全てを解決する自信があった」

と語っている。

シャハトの様な天才に、縦横に手腕を振るわせた事、此処に、ナチス経済大成功の一つの鍵が潜む。しかし、シャハトやケインズの様なウルトラ天才を別にすると、当時の専門家の目には、気狂いじみて見えた。

大軍拡に着手すると同時に、次々と大土木工事を起こす。ドイツ経済は遠からず破産するだろうと、皆な、そう思った。

ヒットラーの政敵は密かに嘲笑し、経済学者は、大反対し、必死になって忠告した。

が、ヒットラーは、専門家なんか、てんで信用していない。アイゼンハワーは、専門家以外の人の〝忠言〟や〝助言〟をひどく嫌がったとの事であるが、ヒットラーは、其の反対だ。

彼が抜擢した人物を見るがよい。専門家とは程遠く、真逆と思われるほど異分野の人が多い。

だから、常人には思いも及ばない大成功をする事もあるし、とんだ偽物を掴む事もある。が、是れは後の話。

経済学者が挙って反対したので、ヒットラーは、却って自信を付けた。

「こんな奴等の言う事の正反対の事をすれば、屹度成功するだろう」と。

まあ、とんでもない発想法だと思うかも知れないが、結論は、それで良かったのだ。

ケインズは、「**失業をなくし、不況を克服するには、公共投資をするしかない**」と主張する。

しかも、「公共投資でありさえすればピラミッドの造営でも何でもいい」とまで極論するのだ。

「為る事がないなら、労働者を雇って深い穴を掘らせ、その中にお金を埋めて土を掛け、もう一遍掘り返させなさい。そんな事でさえも、何もしないよりは、不況克服に役に立つんだ」と。

政府が、何でもいいから〝投資〟をすれば、乗数効果（multiplier effect）に因って、其の何倍か、国民総生産は増える。景気は良くなり、失業者は減る。

是れが、ケインズの結論である。

ヒットラーは、ピラミッドを造ったり、お金埋めなんかはやらなかったが、其の代わり、軍拡と大土木工事をやったのだ。

効果は覿面。不況は克服され、失業者はいなくなり、ドイツ経済は力強く成長の軌道に乗った。

それも、インフレは起きなかった。

シャハト経済大臣は、一方に於いては、盛んに公共設備投資の為の金融緩和をしながら、他方に於いては、消費の徹底的抑制、物価統制、利益配当制限などで確実に経済を引き締めていったのだ。景気政策としては矛盾した話みたいだが、これが利(き)いた。

ドイツは、インフレなき好景気を作り上げる事に成功した。

昔も今も、一番嫌われるのがスタグフレーション。景気が悪いのに、物価ばかり上がる。踏んだり蹴ったりだが、その反対の、インフレなき好景気がやって来た。

国民がナチスを謳歌(おうか)したことは言うまでもない。

外交より経済の成功が票に繋(つな)がる

何時(いつ)の時代、何処(どこ)の国でも、経済政策の成功、是れが一番、票に繋(つな)がる。

日本でも、汚職や外交上の失敗等では、余り票を失わないが、物価狂乱ともなると、どんなに外交なんかで成功しても、何にもなりはしない。

ナチスが、国会議事堂炎上を利用し、共産党員百名を、悉(ことごと)く投獄して行った一九三三年の総選挙に於いてさえ、ナチス党の得票率は、やっと四四パーセント。国民の過半数は、此の時点に於いてさえ、ナチスを支持してはいなかったのであった。

其の後、ヒットラーは、度々国民投票に問う事になるが、其の何れの国民投票に於いても、一〇〇パーセント近くの有権者が、ヒットラーを支持している。

是れにはカラクリもあり、反対者の発言を封じてしまった上での結果だから、額面通りに取る訳にもゆくまいが、ヒットラーの統治が次第に深くドイツの土壌に根を降ろし、確実に支持者が増えていった事、是れは否定できまい。

公共投資の中身も、ピラミッドなんて言う不用のものでは決してなく、**其の後、長くドイツ人が誇りにする事が出来るものであり、大いに役に立つものであった。**

アウトバーン。是れをアラン・ブロックは英訳して、スーパー・ハイウエイとした（Bullock, Alan., *Hitler-A Study in Tyanny.* 1952.）が、当時に於いて彼の造った自動車道路は、桁外れに立派なものであった。

アメリカにすら、是れに匹敵できる道路なんかなかった。

戦後も、此のヒットラーの遺産はドイツ経済復興の為の大動脈として大活躍をする。

アデナウワー旧西独首相は、アウトバーンの大拡張をやるが、此の点に関する限り、アデナウワーはヒットラー政策の後継者であり、受け継いだ訳だ。

ヒットラー嫌いで有名な英国の歴史家トレバー・ローパーは、戦後、未だ、ドイツ復興が緒に就いたばかりの頃、今日ドイツにある巨大建造物は、殆ど、ヒットラーの遺産だ、と言ったが、オリンピックの時作ったシュポルト・パラストにしろ何にしろ、今でも、巨大なヒットラーの遺産は、ドイツ中に残っている。

此の様に、ヒットラーは、**経済に於いて、〝奇蹟的大成功〟を収め、世界に先駆けてドイツは不況を脱した。**

先見力は政治家の要件

敢(あ)えて条約違反をしたヒットラーの賭け

もう一つドイツ国民がヒットラーに期待する事、其れは、過酷なヴェルサイユ体制の打破である。

ドイツは、天文学的と言える程の賠償金を払わせられる羽目(はめ)になっただけでなく、海外の領土を全て失い、ドイツ人居住地区の多くも、捥(も)ぎ取られた。

其れにも況(ま)して、誇り高きドイツ人を切歯扼腕(せっしやくわん)させたのが、軍事的制約である。

幾(いく)らドイツが怖いからと言って、これは非常識極まりないものであった。

陸軍は七個師団の十万人に抑えられ、重砲も戦車も、持つ事が許されない。

海軍も一万トン以上の軍艦及び潜水艦は禁止された。

軍用機となると、きついご法度(はっと)。一機もダメなのである。

ドイツを神経質なまでに恐れるフランスは、ドイツをこんな目に遭わせ、世界一と言われる陸軍を持ちながら、其れでも、安心が出来ない。

ユーゴスラヴィア、チェコスロバキア、ルーマニア……等の国々と同盟を結んで、ドイツをぐるりと包囲してしまう。

高が「小国」と言う勿れ。ポーランド陸軍だけで二十七万、ドイツの三倍近くいるのだ。

チェコスロバキアには、クルップに次ぐ世界第二の軍事工場スコダがある。

其の技術水準たるや、当時の日本なんぞより、遥かに高かったのであった。

上海事変や支那事変に於いて、支那軍の所持していたチェコ製機関銃と言う物がある。日本製の機関銃なんぞとは、其の威力に於いて格段の差がある。連戦連勝を誇った日本軍も、是れには散々悩まされた。フランスは、此の「小同盟」諸国を引き従えて、ドイツに少しでも不穏な動きがあれば攻め込む積もりだ。

ヒットラーは、始めは、極めて慎重であった。何と言っても、今のドイツは、軍備らしい軍備を持っていない。フランスの様な大国に攻め込まれたら、一溜りもない。

いや、ポーランド相手だって危ういのだ。慎重過ぎる事は、決してない。

刺激の割合少ない所からやって行くことだ。

ナチス・ナンバー2のゲーリングは、一九三四年三月十日、ドイツ空軍は既に存在する、と発表した。

　ヴェルサイユ条約に依(よ)ると、ドイツは、空軍を持つ事を禁じられている。しかし、戦争直後の興奮が覚めてみると、是れはドイツの様な大国にとって、余りにも不自然だ。ドイツが、民間機と言う名目で実は軍用機を開発していた事、是れはもう、公然の秘密だと言って良い。連合国も、まあ仕方がないやと諦めていた。

　此のドイツ政府の言明は、ヴェルサイユ条約の違反ではあるが、謂(い)わば、公然の秘密を公表しただけの事であって、連合国も、然(さ)したる反応を示さなかった。

　此の「空軍復活宣言」は、其れ自身として重要なだけでなく、ドイツ再軍備に対する連合国の反応を見るための観測気球(アドバルーン)、是れは、頗(すこぶ)る重大な意味を持っている。

　しかしヒットラーは、連合国が、すっかり〝平和主義〟に毒されて骨抜きになり、最早(もはや)、クレマンソーやポアンカレーの様な人物は、フランスにはいない事を知った。

　イギリスのチャーチルは、ヒットラーの脅威に付いて、事ある毎(ごと)に人々に説いたが、誰一人として耳を傾ける者なんぞいない。

　空軍を復活させたヒットラーは、愈々(いよいよ)、本格的再軍備を開始する。

一九三五年三月十六日。ドイツ陸軍の本格的軍拡をスタートさせた。

徴兵制を復活させ、三十六個師団、十二個軍団約五十万人の大陸軍を作ろうと言うのだ。栄光に輝くドイツ大陸軍は、遂に甦るのだ。是れは、空軍復活なんぞとは、比較にならない大衝撃である。ヴェルサイユ体制の根幹が揺すぶられる事になる。

しかし、是れは、危険この上ない冒険である。

「ローマは一日にして成らず」と言うが、復活のプランを作ったところで、大陸軍は一日にして成るものではない。今の所、ドイツには、七個師団十万人しか陸軍はいない。

大軍拡をスタートさせた直後に、其れを理由として外国に攻められたらどうなる。

全く、一溜りもないであろう。

此の危険地帯通過中——大陸軍建設中の時期——、果たして連合国は、黙って、指を銜えて見ていて呉れるであろうか。そんな事は有り得ないと、誰もが思った。

是れは、ヴェルサイユ条約に、明白に違反する。連合軍に攻め込まれたって、何の文句も言えないのだ。果然、抗議に次ぐ抗議に、ドイツ中が真っ青になった。

しかし、ヒットラーは、もうフランスには、クレマンソーもポアンカレーもいない事を、直感で知っていた。〝空軍復活宣言〟の時の感触で知っていた。

政争に明け暮れるフランスの政治家は、もう皆な口舌の徒に成り下がって、断乎としてドイツ膺懲（悪人などを懲らしめる）の軍を起こす決断をする者なんぞ、いはしない。

ドイツの天敵クレマンソーはもういない

クレマンソー、彼はドイツの天敵であった。ナポレオン以後に於いて、ヒットラー、スターリンに並ぶ英雄、其れがクレマンソーである。

一八七一年、ルイ十四世とナポレオン・ボナパルトの都パリが、プロイセンの精兵に包囲され、将に降伏しようとした時、殷々たる砲声の轟く中で、三十八歳の一新聞記者クレマンソーは、此の仇は必ず討って見せると誓った。

其の後四十年の彼の一生の目標は、対独報復であった。

彼は決して軽挙妄動はしなかった。彼のブーランジェ事件の時（ブーランジェ将軍が、フランス民衆の大変な人気を集め、彼を押し立てて対独報復戦をやろうとした運動が盛り上がった事件）、クレマンソーは決して、ブーランジェ将軍を支持等はしなかった。

此の時フランス軍は、軍拡に次ぐ軍拡、数の上では、ドイツ軍を上回るまでになってはいた。普仏戦争に大敗したとは言え、対外比較で言うなら、フランスの経済力の極盛期。ドイツ経済は高度成長に因って急追していたが、ドイツの工業力が英仏を追い抜くのは、十九世紀末から二十世紀の始めに掛けての事。一八七〇年代に於いては、駿足、未だ及ばずの感、なしとしない。

ブーランジズムに浮かれ切ったフランス民衆の多数が、対独報復戦を叫んだとしても、全くナンセンスとは言えなかった。五十億フランと言う、此の時代には天文学的数字と思われた対独賠償金を約束より二年も早く支払ってしまって、保証占領をしていたドイツ軍をストラスブルグの要塞から撤退させるし、生木を裂くようにして捥ぎ取られたアルサス・ロレーヌの民衆は、未だに、フランス人としての誇りを持っている。

しかし、クレマンソーは、こんな熱気に当てられることはなかった。未だ、時期が早い。時節は到来していない、と真っ向から対独開戦論には反対したのだ。

待ちに待った時節が到来した。一九一六年、クレマンソーが危急存亡の祖国を救うべく首相の印綬を帯びた時、彼は七十六歳になっていた。

愈々、老雄クレマンソーの檜舞台への登板だ。

八十年の星霜（歳月）、正に、此の一瞬に在りとばかり奮い立った。

時に戦線は全く膠着していた。ドイツ軍も連合軍も、塹壕の中にへばり付いてしまって、丸で動けないのだ。こうなると、初めは愛国の熱狂に沸き返っていた国民の間にも、厭戦気分が漲って来る。労働者のストライキが続発した。クレマンソーは、得意の雄弁で、フランスの栄光と現在の恐るべき危機を説き、労働者の愛国心を喚起して、職場に復帰させた。其れでもストライキを止めない者に対してはどうしたか。軍隊を動かして銃剣を突き付けて言わせた。「フランスは祖国に対する義務を果たさない者の存在を必要としない。早速、死んで貰いましょう」と。「……直ちに前線に赴いてドイツ軍の銃弾で死ぬか、今ここで、フランス兵の銃剣に刺されて死ぬか、何方でもいい方を選べ」と、こう言ったのだ。

日本でこんな事をしたら大変である。

散々、ヘラヘラペラペラと、まあよく口を動かしておいて、其れが通用しないとなるとウルトラ・タカ派に変身する。丸で中曽根以上ではないかと、酷評の限りを尽くされるであろうが、其処は、ギリシャ以来、雄弁家と勇気のある男を尊敬する事になっているヨーロッパの事。クレマンソーの人気で、国民の間に瀰漫（蔓延る）していた敗戦主義なんぞ、忽ち煙の如く消え去った。

其の頃ドイツでは、既に凡将ファルケンファインに代わって、ヒンデンブルグが参謀総長に、ルーデンドルフが新設の首席参謀総長（実質的には、ドイツ軍総司令官）に任命されていた。

是れで、第一次大戦のスターは皆な、舞台に出揃った。愈々、大活劇の始まりだ。

ルーデンドルフは、あっと言う間にルーマニアを席巻し、猛攻を加えてロシア軍を追い詰め、封印列車にレーニンを詰め込んで亡命地スイスから露都ペテルスブルクに送り込んだ。終に革命だ。ニコライ二世は退位し、アレクセイ皇太子は権利を放棄した。

ケレンスキー政権もまた短期政権に終わった。

「……六日では早すぎる。……八日では遅すぎる」

レーニンは一九一七年十一月七日（ロシア暦十月二十五日）に決起して、政治権力は忽ち、彼の手中に落ちた。

ルーデンドルフの思う壺だ。敗戦に次ぐ敗戦。ロシアはもう戦争を続ける力を失い尽くしている。ボルシェビキが国民の支持が得られたのも、戦争の終結を公約したからであった。

レーニンには、「帝国主義諸国」の為に血を流してやる義理なんぞ、少しも感じなかった。

斯くて、ブレスト・リトフスクの講和となった。

無条件降伏と実質的に余り違わないものではあったが、是れに依って、ロシアに平和が帰って来た。ロシア農民は、ドイツ軍の虐殺から免れることになった。

が、フランスにとっては、是れこそ、一大危機である。東部戦線三百万のドイツ軍は、是れで解放され、西部戦線に於いて、辛くも保たれていたバランスは、一挙に崩れ去るであろう。

先任のファルケンファイン参謀総長が行なったヴェルダン要塞への大攻撃。此処を取られたら、パリは一撃指呼の間である。是れは、今に語られる大激戦であり、結局、ペタン将軍はヴェルダンを守り抜いて、ドイツ軍の失敗と言う事になったのではあったが、死傷者数となると、フランスの方がずっと多かったのだ。其の為、攻勢に失敗したとは言え、勢力のバランスは、大分ドイツ側に有利になっていた。

其れが今度は、ファルケンファインの様な凡将に代えて、名将ルーデンドルフが指揮を執る事になったのだ。英国の大軍事評論家リデル・ハートに、「もし、開戦の始めから、ルーデンドルフが参謀本部を主宰していたとしたら、ドイツ軍は恐らく、勝利を占めていたであったろう」と言わせる程の名将だ。

ロシアとルーマニアとが、あっという間に撃破された今、次の狙いは、勿論、宿敵フランスで、其の運命たるや、正に風前の灯である。

クレマンソーは、議会で演説した。

「哀れなルーマニアは征服された。卑怯なロシアは降伏した……。ドイツ軍大攻勢の嵐、其れがどれほど激烈なものか。連合軍の前線は蹂躙されるであろう。……パリはもう一度危機に見舞われる事だろう。しかし、我々は、飽くまで戦う。最後の勝利が必ず我が頭上に輝くことを確信しつつ……」と。

此の時、彼が叫んだ「吾人(われわれ)は、パリの前面に於いて、パリに於いて、そしてパリの後方に於いて闘わん」と言う言葉は、今でもフランスでは人口(じんこう)に膾炙(かいしゃ)（知れ渡る）されている。

苦労を重ねた挙句、連合軍は終(つい)に勝ち、晴れてクレマンソーは戦勝国の全権として、ヴェルサイユ会議に臨む事になる。

彼は、敗戦国ドイツの全権に言った。

「是れが降伏のための条件だ。討論は一切許さない。お前達に出来る選択は、黙って調印するか、戦闘再開の準備をするか、是れだけだ」

ドイツ全権が、震え上がって、直(ただ)ちに調印した事は言うまでもない。

批准(ひじゅん)の時になって、其の余りの苛酷さに驚いたドイツ人の中には、「こんな条約は拒否して再戦しよう」と言う声も強かったが、然(さ)しものドイツも、世界中の国々に袋叩きにされて、もうヘトヘト、幾ら悔しいからと言って、是れは出来ない相談であった。

天才ヒットラーの先見力

其のクレマンソーはもういない。クレマンソー程でなくても、ドイツの賠償金の支払いが悪いと言って、ルール地方を軍事占領したポアンカレー、彼も、もういない。

フランス人はもうすっかり、腑抜け、間抜け、腰抜けになってしまったのであった。

ヒットラーの天才は、忽ち、良く其処の所を見抜いた。

チャーチルは、『第二次大戦回顧録』に於いて、「各国は、前大戦の準備をしていた」と言っているが、軍人、政治家、一般大衆は殊の他、保守的である。過去の体験を絶対的なものだと思い込み、時代の激変に対するイマジネーションがどうしても働かない。どうしても、そう言う事になってしまう。

が、例外はある。其れが天才だ。

嘗てカーライルは、天才が凡人と違う点は、能力差と言うよりも、イマジネーションの有無である、と言った。

ドイツ人は、第一次大戦に於けるフランス人の抵抗が、余りにも凄まじいものであった為、フランス人は強いものだと、すっかり信じ込んでしまっている。

クレマンソーの様な、ど偉い政治家が、未だ生息しているんだと、何だか、そんな気持ちになってしまっていた。

こんな迷信を打ち破ったのが、ヒットラーの天才である。

此の事に強い印象を受けた歴史家の中には、「当時のフランスは、『一九一四年の英雄的フランス』でもなく、『一九一九年の勝ち誇ったフランス』でもなくなっていた。是れを見抜いた所にヒットラー成功の鍵がある」なんて偉そうな事を言う奴（例　セバスチャン・ハフナー。Haffner,S.,*Anmerkungen zu Hitier*,1978.）も増えて来てるが、今頃こんな事を言っても実際、政治の役には立たぬ。

「フヌケ、マヌケ、コシヌケ」と言うのを、持って回った表現をするとこうなる。其れだけの話だ。今なら何と言う。

独ソ戦当時のソ連軍は、可成英雄的であった。東欧やソ連へ行くと、「凶悪なるナチと勇敢に戦ったソ連の英雄」の記念碑なる物が矢鱈と目立つ。

しかし、其れから四十年。ソ連軍がどうしようもなく弱くなった。一九四〇年のフランス軍なんかよりもずっと弱くなった。フヌケ、マヌケ、コシヌケのサンプルは、今では、ソ連兵だ。御負けに欠陥兵器集団ときている。

其れなのに、レーガン大統領の吹く笛に踊らされて、未だに「ソ連脅威論」なる愚論、いや白痴論が後を絶たない。

三年も掛かって「世界一」の筈のソ連軍が、未だにアフガン・ゲリラすら退治できない。戦場は地続き。トンネルを抜けるとアフガンであった、と言う事になる。

密林もなく、西側が必死になって武器援助している訳でもない。

是れは誰が見てもソ連の惨敗に決まってる。ヴェトナム戦争のアメリカ軍の敗戦に比べてさえ、どうしようもない負けっぷりだと思わないか。

御負(おまけ)に武器は故障だらけ。

東欧へ行って見るがいい。トランスミッションが切れて動けなくなった戦車、是れが一番処理に手を焼く粗大ゴミだ。

彼(か)の英国、アルゼンチン戦争の時、ソ連は大凶作。アルゼンチンは穀物を売ってやった。

是れを知った（日本を除く）世界のジャーナリズムは大騒ぎした。

帰りの船は、果たして武器弾薬を満載してるのか、其れとも空船(からぶね)かと。

今なら誰でも知ってる様に、空船だと分かったのだから大変だった。少しも報道なんぞしなかった日本のジャーナリズムまで加わって、ソ連はコシヌケだの忘恩だのって……。

そんな事は、言わなくたって分かっている。

しかし、此の話、理由はそう言うことではない。

アルゼンチンの方で、要(い)りません、と断ったのだ。

「ソ連製の兵器なんかでイギリスと戦えますか。そんなの要りませんから、代金はドルで下さい。それで、兵器のヤミ市場で、フランス製なりイギリス製なり、ちゃんと使えるのが買えます」と、こう言ったのだ。

卑しくも専門家。商売の戦争なんかよりも、フットボールの試合の方に余程熱が上がっているアルゼンチンの逸れ将軍、如何様提督でも、そこは「有楽町発・外電」（ジャーナリスト岡村昭彦氏の造語）で事足りる大新聞のデスクみたいな事してたのでは、先が知れる。

SS20が大騒ぎになっているが、賭けてもいい。

是れ、ボタンを押しても飛ばないんじゃないのか。日本が「不沈空母」であってもなくても関係ない。どうせ相手は、不飛ミサイルだ。

何で、其処まで断言できる。

もういいだろう。

「ソ連脅威論」

レーガン御用のプロパガンダとしては見事だが、こんなのを本気にしてる日本人、とても、一九三〇年代のヨーロッパ人を笑う資格なんかない。

此処の処が、どうしても凡人には分からない。だから、ヒットラー執政の十二年間は、天才ヒットラーと、凡庸な常識人との不断の闘争であった、と言えなくもない。
ヒットラーは死ぬ直前、「ドイツ人を見損なった。……彼等は私の偉大さに相応しくない」と言ったが、是れを、「幾ら何でも自惚れが過ぎる、敗戦を前に発狂したのではないか」なんて評する歴史家やジャーナリストも多いが、そう単純な印象だけで収まる事ではない。

如何にも、ヒットラーは独裁者であり、公然と彼を批判することなんぞ、出来ようがない。しかし、相手がどれほど偉い人であっても、非公開、特に一対一の席上では、どんな事を言ってもいい。是れは、英米型の言論の自由とは違うが、ドイツ式の言論の自由と言ったらいいだろう。

フリードリヒ大王は、啓蒙的専制君主の代表であり、常に、口癖に、「批判は自由である。但し、服従せよ」と言っていた。此の伝統が、脈々として、シュタインから、シャルンホルスト、グナイゼナウを経て、モルトケに至って大成する。

ドイツ参謀本部では、相手が誰であろうとも、また、其の遣り方、或いは既に遣った事、是れを、如何に批判しようと全く自由なのだ。反論する方も全く自由だが、其処に、階級の上下、況してや出身の貴卑なんぞ全く関係ない。少佐が元帥に対して、平民がカイゼルの孫に対して、大激論を吹っ掛けても、不思議に思う者なんか誰もいはしない。

何方(どっち)の味方をする者もなく——尤(もっと)も、人が其の事に付いて関心を有すれば別だが——寝そべって、ヘラヘラッて聞いている。

是れが、プロセイン的伝統だが、バイエルンは、芸術至上主義の国。

オーストリアは、政治的にこそ専制国家に近く、議会は余り大きな権力を持たなかったが、社会的、文化的、宗教的、法的、経済的な自由、是れを誰でも享受していた。

シュテファン・ツヴァイクは、第一次大戦後、突然、家屋の強制捜査を受けた時、余りの事に吃驚(びっくり)し、思わず「戦前のオーストリアで、こんな事が行なわれるという事は、決して考えられる事ではなかった」と言っているが、専制国家オーストリアに於いてすら、政治的自由以外の自由は、是れ程まで完璧に守られていたのであった。

ドイツ的自由とは、本来、此の様なものであった。

と言うわけで、参謀本部を始めとして、ドイツ官僚は、必死になって、ヒットラーと抗争する。とは言っても是(こ)れは、レジスタンスなんて言うものではなく、ヒットラーの意見と自分の意見とは違う、唯(ただ)それだけの事であった。

しかしながら是れは、別に何でもないなんて軽い事ではなく、実は、此処(ここ)がキー・ポイントなのだ。

ヒットラーは、東部戦線で戦況が漸く厳しくなり、ロシア軍の攻勢が激しくなった時に言った。此の時、ヒットラーは、色んな症状を示し、一種の病人であった。

其の病因に付いて彼は言う。

「私の病気の原因は、参謀本部の連中の、しつこい反論だ。彼奴等の言う事を聞いていると、どうも何もかも嫌になってしまう。是れを、取り押さえる事は、ソ連軍の反攻を撃破するよりも、ずっと難しい」と。

勿論、参謀将校の言う事にも一理はある。と言うよりも、三里も十里もあると、こう言った方がいいだろう。

マンシュタイン元帥等は、其の有名な著述『失われた勝利』(Manstein, E., *Verlorene Siege*, 1955) の中で、「ヒットラーのメチャクチャな作戦指導がなかったら、必ずや、ドイツ軍は、独ソ戦に於いて、圧勝を収めていた事であったろう」とまで言い切ってはいる。

しかし、是れはずっと後の話。先ずは、ヒットラーの天才に依る、当時、誰しも不可能と見た、過酷なヴェルサイユ体制の打破。其の記憶すべき奇蹟の時代、此処に話を戻そう。

ドイツが弱くなると困るイギリス

鉄枷（てつかせ）の様な過酷なヴェルサイユ体制。是れを脱却する事なんぞ、とても出来る道理はない。誰もが、こう思った。

しかし、ヒットラーは、そうは思わなかった。此処（ここ）が、彼の正しく天才たる所以（ゆえん）である。フランスは、見掛け上は未（ま）だ堂々としているが、其の本質に於いては、見る影もなく裏ぶれて、全く、フヌケ、マヌケ、コシヌケになった、此の事を実によく知っていた。イギリスだってそうだ。

当時、米ソなんて、未だ未だ田舎の途上国。世界の中心は英国にあるとされて来た。全て何でも、イギリス中心に決まるのだ。

其の英国が、ヨーロッパのバランスを考えてドイツ寄りになって来た。となると、状況は根本的に変わって来る。

当時のフランス。陸軍でこそ世界一と言われてはいるものの、物事全て陸軍だけで決まるものではない。

当時の英国は、アメリカさえも従えて、世界を支配しているとさえ思われていた。史上空前の世界帝国だ。今のソ連だって、ジンギスカンだって、是れには及ばない。

其の、大英帝国がドイツの側に立ちそうになったのだ。

伝統的に言って英国は、ヨーロッパ大陸に於ける力のバランスを重視する。是れが、英国安全の為の必要条件であるからだ。其れ故、ドイツが余り強くなり過ぎる事も困るが、逆に余り弱くなり過ぎて、フランスの覇権が確立される事、是れも困るのだ。

そこで、戦争の興奮が覚めて正気に返ってみると、ヴェルサイユ条約では、余り、ドイツを痛め過ぎたことに気付いた。もう少し、ドイツを強くしてやった方がいい。

畢竟、ドイツの様な大国を、永く、〝日の当たる場所〟(The place in the sun)から隔離して置く事なんぞ出来ないのだから、是れは一つ、英国が力を貸してドイツに然るべき地位を与えてやったら、一方に於いては、大陸に於ける力のバランスを恢復すると共に、他方に於いては、ドイツ人の感謝を得るに違いない。

何と名案ではないか。英国人は、段々とこう考える様になってきた。

〝征服の為の青写真〟はこうして出来た

是れがまた、ヒットラーの趣味とピタリだ。

『我が闘争』に於けるヒットラーの外交思想を一言で要約すると、其れは、「英国と同盟して、ロシアを征服せよ」と言う事にある。彼は、英国人の優秀さを強調して、過去に於けるドイツの誤りは、英国を敵にした事であると言う。

英国はまた、将来も敵とするべきではない。英国は海洋帝国であるが、将来のドイツにとって必要不可欠な「生活空間（レーベンス・ラウム）」たる植民地は、万里波濤（はとう）の外ではなく、地続きの地にこそ求められるべきである。其れはロシアである。ロシア人は劣等民族だから、ドイツ人に征服されるに相応（ふさわ）しい。ロシアを消化吸収する事に依って、偉大なるドイツ第三帝国は完成を見る。そして恐らく、此の帝国は、一千年も続くであろう。

其の為にならら、ドイツは（ロシアと英仏を敵とする）東西二正面作戦の愚を犯すべきではない。彼はアルサス・ロレーヌすら、フランス人に呉（く）れてやってもいい、とまで言い切る。

勿論、出来れば英国と同盟すべきだし、もし英国がドイツを援助してくれるなら、其の代償として、英国の世界帝国を認め、ドイツの力で是れを守ってやってもよい、と言う。

是れがヒットラーの〝征服の為の青写真〟である。

チャーチルなら、其の手に乗るもんか。悪魔と同盟したって、ヒットラーとの同盟なんか、真っ平ご免と言うだろうが、此の種の話に乗り掛かって来る英国人は、其れこそワンサといた。

ヒットラー執政初期の英国首相は、ボールドウィン、其れからチェンバレン。平和主義者で温厚な人物で、割合親独的で、ヒットラーに偏見は持っていない。

一九三五年六月十八日、英独海軍協定が結ばれた。

英国は、ヒットラーの横紙（よこがみ）破りのヴェルサイユ条約蹂躙（じゅうりん）を、陰で援助し、盛んにフランスを掣肘（せいちゅう）（引き抑える）した。

フランスが、ドイツ再軍備に、一指も触れる事が出来なかったのは、ヒットラーのタイミングの良さもあり、フランス人自身、すっかりフヌケ、マヌケ、コシヌケになってしまった事もあるが、英国の支持もまた、見逃す事が出来ない。

ドイツ再軍備は、着々と進んでいった。

チャーチルは、盛んに数字を挙げて、ドイツ再軍備の驚倒すべきスピードを指摘し、「数年後には、其の空軍は、英仏を凌駕（りょうが）（追い抜く）するものとなるであろう」と警告した。

ラインラント進駐は狂気の賭け

一九三六年三月七日。

青天の霹靂（へきれき）の様なニュースに、ヨーロッパ中が驚倒（きょうとう）した。

此の日、ドイツ軍は、突如としてラインラントに進駐したのであった。

今度こそ戦争だ。フランスは、幾ら何でも、今度と言う今度は、決して黙って見過ごす事はないであろう。皆な、そう思った。

空軍再建発表、大陸軍復活宣言。是等の時にも，フランスは終に兵を動かさなかった。

しかし、今度と言う今度は、理由が違うのだ。

第一次大戦を振り返ってフランス人は骨まで真っ蒼になった。勝てない戦であった。

開戦の始め、仏露二つの陸軍超大国で挟撃にしたが、もし独軍参謀総長が度胸のある男で、シュリーフェン・プランを修正せず、南独や東プロイセンは暫く呉れとくと、勁敵仏軍主力を一気に殲滅し、反す刀でロシアの大軍をバッサリしていたら、ドイツの勝ち。

そしてもう一度大戦末のルーデンドルフ大攻勢の時も、独軍の砲弾はパリ市中に落ち、「ゴール人の都」は、此の百年に四度目のプロイセン軍歩兵の銃剣の輝きを見た。

英米の援助がなければ必ず敗れていた。

ドイツに攻め殺されない為には、ライン川の西岸ラインラントを占領して置く必要がある。

フランスは領有を要求したが、是れは純然たるドイツの土地で矢張り無理である。非武装化の要求だけが認められた。フランス占領軍も一九二五年のロカルノ協定で撤退する事になったが、其の代わり、独軍は絶対にラインラントに入ってはならぬと再確認された。

是れは、単なるヴェルサイユ条約とロカルノ協定の侵犯なんて言う生易しい事ではなく、フランスの生命線が突破された事を意味する。

用兵の要は、疾風迅雷の勢にあり、モタモタしていたら、もう間が抜けてしまう。

ルノー陸相は、断乎として出兵を主張したが、其処がフヌケのフランス政府。国際連盟へ持ち出したり、英国と相談したり、荏苒（延び延び）と時間を空費している間に、出兵の気運は遠去かるばかりである。何時の間にか、気が抜けたビールみたいになって、ラインラント進駐問題は、戦争事由として通用しないものとなってしまった。

其処へヒットラーは二十五年間の不可侵条約を提案してきた。

チャーチルは、「フランス人は、何と言う馬鹿な事をしたのだろう」と絶句したが、チャーチルの為を思えば、却って、此の方が良かった筈だ。

もし、此の時フランスが出兵していれば、ナチス政権は忽ち倒れ、チャーチルの出番なんか、なくなっていた事だろう。

チャーチルは、ノーベル文学賞を受賞した『第二次世界大戦回顧録』の冒頭に於いて、

「此の戦争を如何なる戦争と呼ぶかと問われたら、全く必要のなかった戦争と答えた事だろう。我々がもし、〝独裁者〟の力が未だ十分に強くない時、一指だに挙げる決意をしていたならば、

忽彼は倒れて、戦争の原因がなくなっていたからだ」

と言った。が、正に、此の時こそ、ヒットラー政権の危機であった。

フランス軍が動員令を発したら最後、未だ其の基礎が脆弱なナチス政権は、其の日の中にも崩壊していた事であったろう。

ヒットラーが、彼の将軍達に、ラインラント進駐の計画を打ち明けた時、彼等は動顚して，ヒットラーが発狂したのではないかと思った。そして、ヒットラーが正気でこんな事を計画していると分かった時、挙って猛反対した。

何の必要があって、今頃、そんな不必要な冒険をするのか。今、ドイツ再軍備は着々と進み、もう数年すれば、ドイツ軍は、立派にフランス軍に抵抗し得るものとなる。ラインラント進駐は、其の時でも遅くないではないか。今は未だ、ドイツ軍再建は、やっと其の端緒に就いたばかりで、ここでフランス軍に攻められたら、一溜まりもない事が目に見えている。

「総統閣下、ラインラント進駐ほどの露骨な挑戦をして、其れでもフランス軍が応じないなんてチャンスが、少しでもあるとお考えですか」と言って、死物狂いで諫めた。

しかし、ヒットラーは聞き入れなかった。

「今まで何時だって、私の考えの方が、お前達の意見より正しかったではないか」こう断言して、少しも躊躇する事なく、始めの計画通り、ラインラントに兵を進めた。

カリスマは失敗を許されない

そして結果は。

またもや、総統の直感の方が、将軍達の判断よりも正しい事が証明されてしまったのであった。誇り高き将軍達も、ヒットラーの前に、慴伏する（平伏す）しかなかった。

しかし、然しものヒットラーも、此の時ばかりは、其れほど平然としていられたわけでは決してなかった。

彼は、其の『対話集』に於いて、率直に当時を回想して、

「……あの体験だけは、もう決して二度としたくない。ラインラントに進駐してからの四十八時間と言うもの、何時フランスから最後通牒が来るか、全く生きた心地もしなかった」

と側近の者に語っている。

ハッタリとギャンブルと冒険とはヒットラーの身上である。

其の彼ですら、此の時は、身も縮む思いで、オタオタしていたのだ。

だから、最悪の場合の準備も十分になされていて、〝進駐〟なんて言うと物々しいが、其れも、

実のところ、数個大隊だけであり、もし、フランス軍が動き出したら、忽ち撤退するよう命ぜられていた。

フランスが動員を決意したとしたら、果してこんな事で許して呉れたかどうか、其れは分からない。しかし、確実この上ない事は、ヒットラーが、是れで没落した事だ。

ラインラント恢復は、ドイツ国民の熱望する所であり、一度、「ラインラント進駐」が発表されるや、民衆は熱狂し、ヒットラーを救世主の如く称えた。

だから、**恐ろしい。一度熱狂した民衆は、騙されたと知るや、其の〝熱狂〟は忽ち〝熱烈な憎悪〟に変わる。**

「火の試練」に於ける〝失策〟に因って、三年に亘ってフィレンツェを支配し、メヂチ家すら追放した独裁官サボナローラでさえ、一夜にして失脚したではないか。

ラインラント進駐軍がもし、尻尾を巻いて逃げ帰ったらどうか。ヒットラーの壮挙を歓呼したドイツ人は、須臾（僅かの間）にして彼を見棄てた事であったろう。

特に、ヒットラーの様な**「カリスマの担い手」（Charisma Täger）にとって、決して失敗は許されない。「民衆に幸福を与えることが出来ない」となったら、彼のカリスマは、スイッチを切られた電灯の様に、一瞬にして消え去るのだ。**

ヒットラーと軍事官僚の確執

　では何故、ヒットラーは、そんな大冒険を敢えてしたのか。

結果的にこそ大成功を収めたが、「政治家の責任は結果責任であり、結果良ければ全て良し」とは言うものの、此の話は、幾ら何でも酷過ぎる。此の成功は、ヨーロッパ国際政治の法則から見て、決して有り得ないことが起こって成功したのだ。

　其の時でも今でも、理性のある人間が見たら誰だって、矢張り国防軍の将軍の言う方が正しいと、こう思うことだろう。彼等だってドイツ人だ。何もラインラントの占領に反対である訳でなし、唯、今少し待てと言うのだ。大冒険を敢えてするにしても、何も今直ぐと言わなくたっていいだろう。ヒットラーは、自分の超能力を試してみたかった。

　歴史家は、此の事を何とか合理的に説明したくて、こう言う。当時、ヒットラー政権の基礎は未だ未だ弱かった。大衆の間にこそ、ナチス支持は、漸次（次第に）、浸透して行ったとは言うものの、全体でのヒットラーの信用は薄かった。

　カリスマの確認が必要であった。

　特に、ヒットラーに反発したのが、軍部であった。ヒットラーは、兵士としては、勇敢此の上ない兵士であった。一介の兵長に過ぎない彼が、一級鉄十字章を授けられる。こんな事は滅多にあるものではない。しかも、彼は、〝兵長〟以上に昇進できなかった。

誠に、奇妙極まりない事だと、言わなければならない。彼の抜群の勇気と勲功を以てすらである。屹度何かあるんだろうと、誰しも考えてしまう。

そこで、皆な集まって、屹度ヒットラーには、何かスキャンダルがあったに違いないと、必死になって探し求めたが、何の痕跡も、未だに発見されていない。

其の理由は、ヒットラーの体質が、軍事官僚に向いていなかったからだろう。

プロイセン流の軍人とヒットラー。是れ程、肌合の違う動物を考える事は出来ない。ヒットラーが従軍したのは、ドイツ諸邦の中でも、最も芸術的、自由主義的と言われるバイエルン、此の国の軍隊であったとは言え、ヒットラーと軍事官僚、体質が全く違うのだ。

だから、如何に勲功を立てようと、如何に勇敢であろうと、ヒットラーは、本質的には、軍人には向いていない、こう思ったに違いない。

と、こう言う風に思って、ドイツ軍当局は、彼の昇進を見合わせたのではなかったろうか。

此の様にヒットラーは、本来、軍人とは体質が合わない。それでいて、彼ほど軍人を尊重する者もいなかった。

彼は、徴兵検査で、身体が弱いと言う理由で不合格になったにも拘わらず、殊更志願して入隊した。また、彼は、『我が闘争』に於いて言う。「ドイツ人が如何に多く軍隊に負うか。……その全てであると言っていい」と。

彼が、ナチス以外で尊重する集団と言えば、軍隊だけと言って良かった。其れ以外は、特殊の技術者は別として、悉く軽蔑の対象であったとまで言っても、そう過言ではない。

彼が、経済専門家の意見なんぞ、全く無視して顧みなかった事に付いては、既に論じた。彼はまた、技術的な事に関してすら一家言を持つようになるし、軍事的な事に関しても、後に並々ならぬ自信を持つようになる。

とは言っても、軍人と其の技術に、並々ならぬ尊敬の念を抱き、極度に是れを重視していた事は確かである。此の事は、シュトラッサー事件だけを見ても明白である。

4章

独裁者の政治手法

スターリンとヒットラー

側近にどの様に接したのか

スターリンの粛清は高く付いた

スターリンとヒットラー。よく対比される二十世紀独裁者の代表であるが、大いに異なる点の一つは、「粛清」である。

スターリンと言えば、誰しも先ず連想するのが、〝粛清〟である。

レーニンに次ぐロシア革命の大立者トロツキーを始め粛清に次ぐ粛清。粛清と言えばスターリン。スターリンと言えば粛清。全く卸問屋と言うか本家本元と言うか、粛清を語る事なしに、スターリンは語れない（完全な証拠こそないとは言うものの、スターリンは、此のトロツキーを、亡命先のメキシコに刺客を指し向けて暗殺したとは、衆目の見る所である。流石に、レーニンを謀殺したと言う風評、是れはない）。

極論すれば、少しでも目立つ共産党員は、片っ端からスターリンに殺されて行ったと言ってよい。

特にソ連にとって致命的であったのは、一九三七年の軍部大粛清だ。

ドイツと通謀していたと言う容疑で、トハチェフスキー元帥をトップとする、ラパロ協定によりドイツ軍から近代戦の手解きを受けたソ連軍の最優秀将校を片っ端から銃殺した。

其の結果、ソ連軍はすっかり弱体化し、フィンランド戦争に於いては、醜態を全世界の前に晒す事となり、独ソ戦前半に於いては、殆ど、抵抗らしい抵抗が出来ず、疾風の前の枯葉の如く、ドイツ軍に蹴散らされてしまう事になる。

アンドロポフが書記長になってから、最近、可成大規模に、トハチェフスキー元帥の名誉恢復が行なわれた。彼の功績と先見性とを高く評価する論文が、幾つか発表された。

トハチェフスキーこそ実に、近代機械化部隊理論の先駆者の一人であり、ソ連機甲軍の生みの親であった。

「機甲部隊を陸軍の主兵とすべし」と言う思想は、戦後にこそ、当たり前過ぎる程のものであっても、第二次大戦以前には、決してそうではなかった。戦車なんか高々、歩兵の補助兵器に過ぎないと考えられていた。

イギリスと言わずフランスと言わずドイツと言わず、何処の国でも、独立した「機械化部隊」等と言うのは、未だSFみたいな物であって、評論家や小説家の机上に眠っていた。

そんな時代に、本物の機械化部隊を現実に編成して見せた、其れがトハチェフスキー元帥であった。

其れ故、ソ連の機械化部隊は世界一、進歩していた。いや、少なくとも理論的には、そうあるべきであった。

しかし、スターリンの大粛清は、極めて高いものに付いた。

生みの親トハチェフスキーを殺された其の遺産は、有効に機能し得なかったのである。

独ソ戦の当初、ソ連軍は二万台の戦車を有し、しかも其の最優秀中戦車T34は、ドイツの如何なる戦車よりも桁外れに優秀であった。また、ドイツ軍には未だ重戦車がなかったのに対し、ソ連軍には是れがあった。

是れに対し、ドイツ軍の戦車となると、合計でやっと三千台。其の主力戦車M3型でさえ、T34の前では、頑具より少し増し、と言った程度であった。

M3の主砲が三七ミリ砲であったのに対し、T34の方は、六七・二ミリだ。是れでは、丸で勝負にならない。

其の筈であったが、いざ戦場で闘ってみると、ドイツ軍は、猛虎が羊を狩る様な勢いで、ソ連軍を潰滅させてゆき、厖大な近代兵器を抱えているソ連軍は見る見る攻撃され、包囲され、殲滅されていった。

開戦僅か三週間後にはスモレンスクが陥落した。百二十九年前、ナポレオンが、モスクワ総攻撃の基地とした要衝だ。

余り計画通り作戦が遂行されて行ったので、ハルダー参謀総長は、此の戦争を、「教科書的戦争」(Lehrbuch Krieg. Text book Battle)と呼んだ程であった。

スターリンの「粛清」は、其れ程まで、高く付いた。

とは言っても、必ずしも、トハチェフスキー元帥が生きていたら、ソ連軍は緒戦(戦争の初期)から、ドイツ軍とがっぷり四つに組んだ互角の勝負が出来たであろうと、其処まで言う積りはない。

何れにせよ、スターリンの其れが彼のトレードマークになった程の粛清に次ぐ粛清に因って始めて、ソ連の政治は安定する事が出来た。

此の事が持つ大きな意義に付いては、後に論ずる処であるが、其れにしても、失った処もまた多大であった。

粛清なしで軍を掌握したヒットラーの手腕

是れに対し、ヒットラーは、殆ど粛清しなかった。また、其の僅かな粛清に於いてすら、失った所のものは、全く、或いは、殆どなかったと言って良い。

スターリンの同僚達の殆どは、次々と姿を消して行ったが、ヒットラーの場合、彼の〝戦友〟〝同志〟と呼ばれる人物で、直接手を下して彼に殺された者と言えば、突撃隊長エルンスト・レーム大尉。是れだけしかいない。軍人に至っては、一人もいなかったのであった。

ゲーリングの如き、其の晩年に於ける、余りにも目に余る汚職故に、また、無敵と言われたゲーリングの空軍がすっかり凋落（萎むこと）してしまった故に、甚くヒットラーの勘気を買い、「腐肉」とまで罵られたのであったが、粛清されるどころか、敗戦直前、総統の地位を簒奪して自立し、勝手に英米軍との和平を試みようとするまで、罷免される事さえなかった。

ヒットラーと将軍達の間の確執（仲が悪い）は史上に名高いところである。

ヒットラー自身、余りの事に、「私が、度々病気をするのは、将軍達が原因だ」と言った程であったが、彼に殺された将軍は一人もいない。

戦争中、よく、ヒットラーに反対した廉で総統自から将軍を射殺したと言う噂が立った。スペイン人の記者（フランコのスペイン。中立国ながら親独的）が、此の噂の真偽の程を彼に問い質

したところ、答えは、

「そんな事は、今まで、一度もない。だが、そうかと言って、総統が任意に将軍を射殺してはならないと言う法もない」と言うのであった。

此の様に、威嚇こそすれ、本当に射殺した事は一度もない。

此の点、何かと言うと直ぐ、人を銃殺するスターリンとは違うわけだ。

勿論、総統暗殺の陰謀に加担した場合、是れは別だ。

スターリン流の〝粛清〟とは、全く別の範疇に属する事で、何処の国でも立派に、普通の刑事犯になる。

独裁者が、何時も決まって、最も手を焼くのが軍隊だ。

是れは何も、軍隊が特に強力な武力を持っていると言う、唯それだけの理由に因るのではない。

軍隊は、其の本質上、国家に属し、政府（其れが如何なる形を採ろうとも）**に属するものではないからである**。此の点、警察とは、根本的に意味を異にする。

警察は、仮令どれほど強力な武力を持とうとも、時の政府に隷属する。

是れが、本質的特性である。

其の証拠に、中南米やらアフリカやら東南アジアやら、発展途上国に於いては、軍隊のクーデター、是れは日常茶飯事だ。

しかし、警察のクーデター、是れは聞いた事がないだろう。

また、軍隊のシヴィリアン・コントロール、是れは大問題だ。

しかし、警察のシヴィリアン・コントロール。こんな話も聞いた事がないだろう。

当たり前だ。そう言う概念が有り得ないのだ。

警察は、元々シヴィル（政権）に隷属している。

既に完全にコントロールされている者に、其の上更にコントロールする必要が何処にあろう。

屋下（〝上〟ではない。〝下〟が正しい）にまた屋を架する（無用の事を重ねてする）様なものではないか。

スターリンは粛清に次ぐ粛清、銃殺に次ぐ銃殺で、やっと赤軍をコントロールする事が出来た。何も是れは、彼が飛び抜けて残酷であったからではない。

右の理由に因って、政権を安定させ、秩序を確立して、国策を遂行してゆく上で、どうしても必要であったからである。

其れを、スターリン流の粛清もせず、軍部を兎も角も抑え込んでしまったヒットラーの腕前、先ず(ま)は見事と言う他はない。

ドイツ陸軍は何故強かったか

其れにもう一つ、ソ連赤軍とドイツ国防軍(ヴェール・マハト)では無視する事の出来ない大きな相違がある。

ソ連の陸軍は、「赤軍」と言う名前が示す通り、共産党の陸軍である。将校にも、共産党員は多い。其の上、政治将校なるものが配置されていて教育し、監視している。

彼(か)のトハチェフスキー元帥等も、夙(つと)に共産党員であった。

共産党の陸軍を共産党がコントロールする。其の為にすら、大粛清を必要とする。

是れ程までに、**陸軍とは、強(したた)かな怪獣なのである。**

戦前の日本など、終(つい)に此の怪獣に食われてしまったではないか。

元々(もともと)、共産党とは、同じ狸(たぬき)の毛並みの違いであるソ連の赤軍とは違って、**ドイツ陸軍(ヴェール・マハト)は、ナチスの陸軍ではない。其の本質は、プロイセン陸軍なのである。**

元(もと)より、ドイツはプロイセンだけではなく、其の他バイエルン等の二十五の領国(シュタット)の人々もドイツ陸軍に入る訳だが、過去の栄光と実力とに於いてズバ抜けていた為、プロイセン陸軍は、ドイツ陸軍の中心になっただけでなく、他の領国(シュタット)の陸軍も、次第にプロイセン化されていった。

ところで、此の「プロイセン陸軍」と言う事の意味であるが、「日本陸軍」等と言うのとは、些(いささ)か意味を異にする。日本の陸軍は、天皇の陸軍と言われたが、其れはイデオロギーであって、実質的には、一種の国民軍(ピープルアーミーズ)であった。

是れに反し、**プロイセン陸軍は、ホーヘンツォレルン王家の陸軍である。**

フリードリヒ大王以来の伝統を保持し、是れを誇りにしている。

ナチスとは水と油もいい処(ところ)で、ミネラルウォーターと石油ほども異質的なのだ。

ヒットラーと将軍達の確執の根本的背景は此処にある。

ヒットラーが首相となったのが一九三三年一月、第二次大戦が勃発したのが三九年九月。僅か六年半で、仔犬(こいぬ)の如きドイツ陸軍は、猛虎(もうこ)に変身し、あれよあれよと言う間に、ヨーロッパを征服する。

全世界は、刮目(かつもく)し、且(か)つ戦慄(せんりつ)したが、其の秘密は此処(ここ)にあった。

泣いてカイゼル・ウィルヘルム二世の蒙塵(もうじん)（皇帝が逃げる事）を見送ったゼークト将軍は、来たるべき日に備えてドイツ陸軍の再建に着手した。

今でこそ見るも無残な十万陸軍だが、必ずもう一度、世界一の陸軍にしてみせる。

是れが、ゼークトプランのエッセンスだ。

其の為には来たるべき日に必ず甦らせる為に、輝く伝統を維持しなければならない。フリードリヒ大王が基(もとい)を築き、シャルンホルスト、グナイゼナウが再建して大ナポレオンに拮抗(きっこう)し、モルトケが近代化して墺仏を連破した燦然(さんぜん)たる伝統、どんな事があっても、是れだけは失ってならないと、ゼークトは固く決意した。

是れが、ドイツ陸軍のサムソンの髪（強さの秘密）であるからだ。

彼は、小隊に名誉ある連隊の名を、中隊に名誉ある旅団の名を与え、其の連隊、旅団に固有の行事を其の儘(まま)行わせる事にした。軍歌が、元の儘(まま)保存されたのは、言うまでもない。其の上、下士官には将校の、将校には下士官の教育を施こした。

斯(か)くて、ワイマール共和国屈辱の日々に於いて、プロイセン陸軍の栄光は、赫然(かくぜん)として、ロイヒテン、ロスバッハ（何(いず)れも、フリードリヒ大王が大勝した戦い）の日の如くドイツ陸軍の頭上に輝いていたのであった。

ヒットラーの大陸軍再建宣言と共に、小隊に化け果(おお)せていた連隊が、元に戻ったのは言うまでもない。

となると是れは、フリードリヒ大王の陸軍であり、ウィルヘルム一世の陸軍である。其れが蘇って来たのだ。

スターリンが、ツアー陸軍を率いていたとしたら如何したか。

真にグロテスクな想定だが、ヒットラーとドイツ陸軍との関係、其れは、此の想定以上にグロテスクだ。

ツアーの陸軍は、プロイセン陸軍程の栄光もプライドもなかったからである。

軍人のプライド、是れ程厄介な代物はない。

また、是れあればこそ軍隊は強いのであって、伝統も栄光もプライドもない軍隊なんて、テレビに出た幽霊みたいなもので、どんなにおどろおどろしくても、凄みも何もありはしない。

ヒットラーはよく、此の事を知っていた。強いプロイセン陸軍、其れは矢張りヒットラーの征服計画に於いても必要なのだ。

ヒットラーの粛清

ところで、ヒットラーが天下を取る事が出来たのも、突撃隊（ＳＡ）の働きに負う処が大きい。

彼等は、街頭に於いて共産党を蹴散らし、ナチス勢力の拡大に努めた。

ヒットラー独裁政権確立の端緒となる全権委任法が国会に上程された時にも、突撃隊が議事堂をぐるりと取り巻いて気勢を上げ、「反対でもしてみろ、生きて此処を出られると思うな」

とデモンストレートした。

突撃隊の仕事は、こんな処だから、ナチスが天下を取った途端に、失業した。

で、失業対策は。

レーム隊長の解決策は、簡単明瞭。突撃隊と陸軍とを合併させればいいではないか、と言うのである。そうすれば、陸軍は二百五十万の大軍となる。是れで再軍備問題も即座に解決と言う訳だ。

勿論、陸軍は大反対である。街頭から掻き集めたゴロツキなんぞに戦争が出来てたまるか。

レームは、「ナポレオンは、パリの街頭からヨーロッパ最強の陸軍を作ったではないか、お前ら、其のくらいの事出来ないのか」と一歩も譲らない。

ズルズルと日が経つ内に、突撃隊に不穏（一揆）の空気が流れ始めた。

もう猶予は出来ない。

ヒットラーは、陸軍を取るか、突撃隊を取るか、決断を迫られた。

彼は、躊躇う事なく、彼を権力の座に押し上げてくれた、永年の〝戦友〟突撃隊を捨てて、彼を〝兵長〟だと軽蔑する将軍達に率いられたフリードリヒ大王の陸軍を選んだ。

勿論、レームは烈火の如く怒る。配下の突撃隊の猛者共も是れに同ずる。蹶破、反乱。

ヒットラーは、僅(わず)かな供(とも)を連れただけで、レームのいる休暇先の突撃隊に出向いた。群(むれ)いる突撃隊員も、カリスマの担い手(トレーガー)たる総統閣下(ヒューラー)自らのお成りとなると、先っきまでの不平不満は何処へやら、条件反射的に手が動いて、「ハイルヒットラー」。道を開ける。

レームの寝込みを襲ったヒットラーは彼を連行する。抵抗する者は誰もいない。

レームは銃殺され、突撃隊は再編されて小さな従順な集団となった。

ヒットラーが行なった粛清は、是れだけであった。

シュトラッサー粛清の時には、序(ついで)に殺(や)ってやれと、ヒットラーが頼んでもいない関係のない者も、ベルリンでゲーリングやヒムラーに依って大分殺られた（シュライヒヤー前首相、ミュンヘン一揆の時のカール首相、ＳＡ幹部など千人くらいの人間が粛清された）。しかし、是れとて、スターリンの比ではない。

レーム事件の時には、殺されたのはレーム一人だけで、他の突撃隊幹部は生きるのを許された。

ヒットラーの眼光は良く、ゴロツキ上がりの兵隊なんぞで、フランス正規軍と戦えたものでない事を良く知っていた。ナポレオンの大陸軍(グランタルメー)成立の時とは時代が違うのだ。

赤軍を作ったトロツキーは、此処(ここ)の処(ところ)が良く分からなかった。内戦の功のあった勇気ある兵士達を将軍に抜擢した。こうして作り上げた赤軍、図体ばかり大きくて、ひどく弱い。大挙してポーランドに攻め込んだが、フランスから招聘されて来たヴェーガン将軍の巧みな用兵の前に、三倍以上の大軍も、見る見る撃破されて、必死の突撃を繰り返せば、忽ち死屍累々。這う這うの態で逃げ帰って来た。

労働者上がりの軍人なんて、歴きとしたプロの軍人の前ではこんなもんだ、と言う事を悟って、辞を低うし、礼を厚うしてドイツ将校団に教えを乞う事となった。

是れがラパロ協定だ。

骨までプロ軍人のプロイセン将校団。ドイツにとって、何より貴重なのだ。

ヒットラーは、此の事を良く知っていた。

卓越した人心把握で陸軍を掌握

だが、そうであればある程、ホーヘンツォレルン王家以外の者であるヒットラーにとって、是れ程取り扱い難い代物はない。

ヒットラーは、じっとチャンスを待った。チャンスは、意外と早く来た。

国防大臣ブロンベルグ元帥が、若い秘書と結婚したのだ。

プロイセン将校団が騒ぎ出した。中世封建の伝統を二十世紀に演出する事に誇りを感ずる彼等の事である。ドイツ軍の元帥ともあろう者が、タイピスト風情と結婚するなんて許せたものではない。と思って調べてみると、此の女、元売春婦であると分かり、大騒ぎとなった。陸軍総司令官フリッチ大将は、ヒットラーに、ブロンベルグ元帥の罷免を上申する。此のフリッチ大将、大の反ナチで、其の事を隠そうともしなかった。

さあ、チャンスだ、こいつも殺ってやれ。

フリッチ大将は、同性愛の容疑で軍法会議（軍人の裁判）に架けられた。陸軍総司令官は罷免され、大将もクビになった（予備役に編入されること）。

裁判の結果は無罪。其れと共に、証拠は全部デタラメである事も判明した。

そうなると証拠をデッチ上げたヒムラー親衛隊長が有罪となる。

が、時恰も、ドイツ軍がウィーンに無血入城し、ドイツ宿願のオーストリア併合がなされつつある時であった。熱狂の波に打ち消されて、フリッチ裁判を思い出す者なんか、誰もいない。

是れ幸いとヒムラー隊長、ヌケヌケと居坐ってしまった。

フリッチは激昂して、ヒムラーに決闘状を送ろうとしたが、周りの者が止めた。

此の決闘、実現していたらさぞ見ものであったろう。強がってはいても、元は「鶏屋」のヒムラー隊長、相手が鶏なら、風見鶏だろうが何鶏だろうが、一捻りだろうが、相手は、名にし負うドイツの将軍、其の銃口の前に立たせられたら、目を回していただろう。

此のヒムラー、他人を殺す事は得意でも、自分が殺されるのは苦手なのである。

此のドサクサで、彼の有名なルントシュテット将軍を筆頭とする有力将軍十六人が首になった。

是れでドイツ陸軍も骨抜き。かと思ったら、是れ等の将軍、戦争が始まる頃までには、皆な現役に戻っていた。では、同じ事ではないかと言うと、実はそうではない。

此処が、ヒットラーの巧い処なのである。

軍人にとって、予備役編入ほど辛い事はない。現役であってこそ軍人。

予備役の軍人なんて、する事は何もありはしない。

幾ら恩給が貰えるからと言って、窓際族以下の気持ちになる。

現役に復帰できるんなら何でもする。と思って毎日、鬱々と暮している所へ、突然、現役復帰命令。昨日までの反ナチス感情なんか是れで吹っ飛んでしまう。

ヒットラー様、よくぞ呼び返して下さったと、中曽根を「ボロ神輿」と言っていたカミソリ後藤田が、中曽根内閣の官房長官になった途端、コロリと中曽根の忠実この上ない乾分となった様なものだと思うと良い。

此の様にして、ヒットラーは、陸軍の首根っ子を抑え込んだ。

マッチ・ポンプ（火付けしておいて火消しに廻わる）も使った。

ナチスの情報網は、将軍のスキャンダルを嗅ぎ付けてくると、一方では、何て事するんだと脅して置いて、別の人物は、是れは総統に相談するのが一番いいと助言する。

こんな時のヒットラー、決してケチケチしたりしない。ポケットマネーでスキャンダルを揉み消してやる。何しろ、『我が闘争』は、桁外れのウルトラ・ベストセラーであった。別に汚職や強奪等しなくても、其の印税だけで、十分である。

是れはヒットラーの私有財産だが、彼の私生活は質素だし、公生活は国費で賄える。

こんな時以外に使い様がない。

ヒットラーのサイン入り小切手を手にした将軍、もうヒットラーに頭が上がらなくなる。

扨て、件の反ナチスのフリッチ大将はどうなった。

是れは反ナチスの巨頭だから呼び返しては貰えなかった。

結局は、ワルシャワ郊外で虚しく戦死した。悲惨な話だが、其処は軍人の事、粛清されたのではなく戦死しただけでも、せめてもの慰めである。

大衆の心を掴む絶対の方法

独裁者と雖もこれだけはやるな！

粛清しなかった事と並んで、ヒットラーとスターリンの違いは、ヒットラーは、余り人の心の内面まで侵入しようとはしなかった事である。

近代に於ける、〝自由〟のギリギリの線は良心の自由である。

仮令他の自由がなくとも、此の自由だけは、どうしても譲れないとされる。

現在のソ連に於ける自由化のポイントも、正に、此処にある。

サハロフ博士は、ソ連の為に水爆を作ってやったし、ソルジェニーツィンは、独ソ戦で勇敢に戦った戦士である。彼等の言い分は、外面的行動に於いてなら、命令に忠実に従います、国策の遂行にも協力しましょう。

唯、権力は人間の内面にまでは侵入して来てくれるな、と言うのである。

詰まり、仮令身体は不自由でも、心の自由だけは欲しい、是れはソ連に於ける自由化のエッセンスである。其れすら許されないと言うので、西側の国々が怒る。

此の点、ヒットラーは、宗教に弾圧も加えなかったし、「洗脳」の類いは、決して、是れを行なわなかった。

或る牧師は、戦後、「何故貴方は、もっと早く、ナチスの脅威に気付かなかったのか、もっと早くレジスタンス運動に立ち上がらなかったのか」と問われて、彼は、**「我々が、ナチスが少しも恐ろしいものだと気付かなかった理由は、ナチスは良心の中にまで踏み込んで来なかったからである。**また、是れは、多くのドイツ知識人に、共通の感想でもあろう」と言った。例えば、ミルトン・メイヤー著『彼らは自由だと思っていた』(Mayer,M.,*They thought they were free*,1955)参照。

此の事が、経済やオリンピックの大成功と併せて、ヒットラー執政の初期に於いて、ナチスが、ヨーロッパ知識人の間に、可成のシンパ(Sympathizer)を有した理由であろう。

英国の軍国宰相ロイド・ジョージ等も、其の一人であった。彼は、「カイゼルを連れて来て、ロンドン塔で斬首してやる」と演説した事で雷名世界に鳴り響いたが、ヒットラーには、コロリと参ってしまった。

ヨーロッパ人は、独裁なんか何処にでもある事で、デモクラシーの実現が困難な事であるく

らい、何百年来の体験で良く知っていた。独裁国等と付き合わない、なんて言っていたら、遣って行けたものではない。

と言う事は、良心の自由以外の自由であれば、時に依っては、其れ等の幾つかがなくても、止むを得ない、と言う事である。

しかし、良心の自由、是れだけはどうしても譲れない。革命を起こしても、其れが不可能なら、此方の方から亡命してまでも、何としてでも、是れだけは守ろうとする。

また、他人に関しても、此の事を直ぐ飲み込む。

ナチスが運動を拡大してゆくプロセスで、ゴロツキ、アル中、麻薬使用者、同性愛者等が、ナチス党に雪崩込んで来た。ナチスは、ドイツ社会底辺の無秩序を栄養にして育って来たのだから、此の者共こそ、貴重な戦力だ。

良家の子弟の党員は迷惑する。なら未だいいが、悪徳には染まり易い。ゴロツキ共に感化されて、同じ様な事に耽り出す。

親は吃驚して、ヒットラーに怒鳴り込んで来る。「何とかしてくれ、あんたが責任者ではないか」。ヒットラーは答えて「我々の団体は政党だ。個人の道徳の問題まで世話し切れないんだ」と言って突っ撥ねた。

ヒットラーは指導者(ヒューラー)として、ドイツの民を望みの地に連れて行くぞと公約し、其の為に独裁的権力を要求しているのである。其の人物の此の答。日本なら、支持者に愛想を尽かされるだろう。

だが、ドイツでは違った。怒鳴り込んで来た父兄、此の一言を聞くと、成程(なるほど)納得と、初めの権幕(けんまく)も何の其(そ)の、コソコソと、否(い)や、満足して帰って行った。

論理的には、ヒットラーの言が正しいのである。其処(そこ)は、理屈を何より尊(とうと)ぶドイツ人、論理的に証明されると、満足するより他しょうがない。

如何に独裁的指導者(ヒューラー)であろうと、其の命令に国民は絶対服従しなければならないとしても、其れは全て外面的行動に関しての事、人間の内面には一歩も踏み込んではならない。**宗教、倫理、道徳、是れ等は全て、政治権力の介入を許さない。**

反ナチス以外は許したヒットラーの倫理性

と言うと必ず、ヒットラーは、芸術や学問の上でも、アーリア的なものとそうでないものとを区別し、アーリア的でないものを徹底的に弾圧したではないかと言う反論が返って来るであろう。

しかし、学問や芸術は必ず表現される。大衆の教化に大きな役割を果たす。イデオロギー的に、放って置く訳にゆかない。

其れでも、中ソを始めとする共産主義国の場合とは違って、中立乃至は無関係までは干渉しなかった。詰まり、反ナチスは断じて許さないが、其れ以外は許した。

一例を挙げると、マルチン教授のカント研究（Martin,G.,*Immanuel Kant,Ontologie und Wissenschaft-Theorie*,1951.）である。

カント研究の最高峰の一つであるが、此の研究は、ナチス治下に行なわれたものである。カントと言えば、ヘーゲルと違って、寧ろ自由主義的であるが、反ナチスとまでは行かない。まあ、無関係だろう。弾圧もしなければ、マルチン氏が大学から追放される事もなく、研究資金をストップされる事もなかった。

こんな例は、此の他にも多い。

エファ・ブラウンは、ヒットラーの愛人であっても死の直前まで、妻ではなかった。彼女の両親は、こんな変な愛情関係は許せないと言って、ヒットラーの秘書を辞めて家に帰って来いと言った。相手は、今を時めく独裁官である。

しかも、ドイツ人は、其れと是れとは、全く別の事だと思っていた。

ヒットラーは、地団駄踏んで悲しんだ。彼が天下の生殺与奪の権を一手に握っている。でも、是れは如何ともし難く、また、出来る筋合の事でもなかった。

皆殺しはナチスの専売特許ではない

ナチスが、世界の識者の反感を買うようになったのは、本格的ユダヤ人迫害——ユダヤ人を差別する法律の制定、ユダヤ人の追放等——が始まってからである。

反ユダヤ的言動、是れだけの事であれば、ヨーロッパでは、何時の時代、何処の国にも見られる事であって、少しも珍しい事ではない。

ヒットラーの在野時代の言動が余りにも極端なものであった為、政権を取ってからとて、そんな事出来るものかと、在独ユダヤ人も、世界の人々も、高を括っていたのであった。

其れを本当に実行した。だから、世界中もユダヤ人も、全く驚いてしまった。

ヒットラーに率いられるナチスは、ユダヤ人を民族殲滅しようとした。

此の試みは失敗するが、歴史上で成功した例を二つ程、挙げておこう。

一つは、ユダヤ人自身が遣った事。

ヨシュアに率いられてカナンの地に侵入したイスラエルの民は、其処にいた現住民を、次々とジェノサイドした。「此処は、オレ達が神に与えられた土地だ」と言っても、ヤコブに連れられて飢饉を避けてエジプトへ去ってから何百年も経っている。現住民にすれば、「今頃何で」と言いたいだろう。しかし、「ジェノサイドは神の命令だ」そう確信したユダヤ人は、確信を持って現住民を皆殺しにした。

ナチスは、世界に隠れてコソコソとやったのに比べ、此方の方は堂々としている。

旧約聖書のヨシュア記に、ちゃんと書いてあるのだ。

幸いにも、旧約聖書が厚過ぎるため、此処を読む人は殆どいない。牧師も読ませたがらない。

其の御蔭で、日本人の目に触れない、唯、其れだけの事だ。

其の残酷さと来たら、ヒットラーも気絶するくらいだ。

でも是れは、昔々の話ではないかと言われるかも知れないので、例をもう一つ。

イギリス人は、タスマニアの住民をジェノサイドしたではないか。

其れも、神の命令と言うのでもなく、イデオロギーと言うのでもない。

タスマニアの住民は、素朴で原始人に近かったが故に、イギリス人に、少しも反抗しなかった。其の能力さえなかった。

では何故、皆殺しにしたのか。キツネの代用品にされたのであった。

イギリス人は、キツネ狩りが大好き、と言うより、何に依らずハンティングが最大の趣味ときている。猛獣狩り、是れは今に至るイギリス人のお家芸だ。

オーストラリアに着いたイギリス人。キツネもいなければ、トラもライオンもいない。カンガルー狩りではサマにならない。是れはたまらんワイと退屈していると、南のタスマニアには原始人がいる。マア是れで我慢しとこうと、ハンティングに熱中している内に、気が付いてみたら、タスマニア人、一人もいなくなってしまっていたのであった。

こんな事をしたイギリス人、其れに『ルーツ』（アレックス・ヘイリーの自伝的小説。テレビドラマ化された）にもある様に「奴隷牧場」まで作ったアメリカ人、ヒットラーのユダヤ人殺しを非難する資格があると思いますか。

勝ち続けねばならぬ英雄の宿命

ヒットラーは、『征服の進軍』（*The March of Conquest*.A.J.P.Taylor）を、「列車時刻表の如き正確さ」（*Hitler A Study in Tyranny*.Alan Bullock）で続けて行く。

ザール、ラインラント、オーストリア、ズデーテンラント……「ドイツ人の土地」は、一兵を衂る（失う）事なく「大ドイツ国」に帰って来た。二十世紀の奇蹟である。

一九三八年九月のミュンヘン会議はヒットラー外交の不滅の金字塔であった。

ヒットラーは、英仏伊三大国のトップをベルヒテスガーデンなる彼の山荘に会せしめ、ズデーテンラントを主とするチェコスロバキアの要衝を戦わずして無償で獲得した。

チャーチルは、「チェンバレン（英首相）がドイツから持ち帰ったのは、不名誉極まりない平和（Peace with dishonour）である」と評したが、当時、是れに気付いた者は他にいなかった。

チェンバレン首相となると、「是れで、『名誉つきの平和』がドイツからダウニング十番街（英国の首相官邸所在地）に齎されたのが二度目になる」とはしゃぎ回った。烏滸がましくも彼は、一八七八年のベルリン会議でディズレリー首相の外交力がロシアから露土戦争勝利の成果を全て捥ぎ取り、カレー（英国領だったこともあるフランスの港町）に熱狂して出迎えた群衆に対し、「われ諸君に平和のみならず名誉をも持ち帰れり」と語った〝I bring you *peace with honour*〟と揚言した故事に倣ったわけだが、今度は違った。

一番大事な同盟国チェコスロバキアを売ったので、フランスが苦心して作ったドイツ包囲網＝「小同盟」は、其の要石から土崩瓦解した。

もっと致命的な事は、ヒットラーが投げた手袋を拾わず尻尾を巻いて逃げたので、ヨーロッパ中天に飛揚していた〝大陸軍〟の燦然たる三色旗の栄光は、セダン落城の日よりも汚辱的に一朝にして泥土（でいど）に塗（まみ）れた。

一九四〇年フランスが降伏し、所もあろうにコンピエヌの森にてフォッシュ元帥の客車の中で屈辱この上ない休戦文書に調印した時、チャーチルは、「此の戦争は既に、ミュンヘンで敗けていたのだ」と回顧した。

ミュンヘン会議の圧勝により、第三帝国は、ヨーロッパの覇権（はけん）をがっちりと握り、ビスマルクの帝国よりもオットー大帝の帝国よりも強大となった。

「ドイツは、其の他のヨーロッパ列強を全部あわせたよりは弱いが、其のいずれの一国よりもずっと強い」（セバスチャン・ハフナー　前掲書）と言う黄金時代が、もう一度巡り来たのだ。

丸でナポレオンではないか。しかも一度も戦わずして。

此処（ここ）でヒットラー暗殺が成功していたら、彼は平和の内に大ドイツ国を甦（よみがえ）らせた、オットー大帝、フリードリヒ大王（デア・グローセ）、ビスマルク公（ヒュルスト）よりも偉大な英雄として、其の名は目の玉の飛び出る様なウイスキーとなり、ワグナーはタイムマシンで帰って来て『ジーグフリート』以上の大オペラを彼に捧げ、同じくベートーヴェンは、『指導者（デア・ヒューラー）に捧ぐ』（Der Führer）を作曲し、四月二十日の全ヨーロッパのテレビ局は、大オーケストラで此の曲を流した事であったろう。

どうした訳か、そうはならなかった。

ヒットラーはワグナー全集の編集方針の如く、『神々の黄昏（たそがれ）』（Götter Dämmerung）へ向けて驀進（ばくしん）した。

チェコスロバキア併合と言う愚挙に因（よ）って、ヨーロッパ新秩序形成の歯車を支えて来たヒットラー外交は、一転してネコイラズを呑み込んだネズミみたいになった。

ミュンヘン会議の直後、一九三八年十月三日からヒットラーの約束と誠意を信ずべきかを巡って英議会で三日に亘（わた）る大論争があり、採決の結果、三百六十六対四十四で、ヒットラーにチェコの心臓を呉（く）れてやったチェンバレン首相は信任された。

しかし、ミュンヘン会議後半年も経たない内に、一九三九年三月十五日、厳粛な約束は踏み躙（にじ）られ、他民族を多数抱えるチェコスロバキアは「ドイツ人だけ」の国であった筈の第三帝国に併呑（へいどん）されてしまう。

最後の藁（ザ・ラースト・ストロー）であった。

チェンバレン首相も戦う決意をした。

ヒットラーの次の『征服の進軍』たる「ポーランド回廊（かいろう）の要求」は、シャイラーすら其の「筋が通っているのに驚いた」程であったが、もう誰もヒットラーの言う事なんか信用しない。

此の年の九月。フォッシュ元帥の予言はズバリ的中して、「ヨーロッパの休戦」は二十年で終わり、『八月の大砲』（*The Gun of August*）ならぬ「九月の大砲」は、殷々（いんいん）（大きく轟（とどろ）く様）としてヨーロッパに鳴り響いた。

5章

近代デモクラシーの政治倫理を理解せよ

一般市民の倫理で政治家を律する愚

乱世を好機と捉える視点

扨て、以上ここまで暴君ネロ、悪王ヘロデを始め、秦の始皇帝、隋の煬帝、武則天（所謂則天武后）と、史上悪しき統治者として評価が定まり、其の事績に付いて殆ど知らない人でも、名前を聞いただけで条件反射的に嫌悪感を催す様な政治指導者に付いて論じて来た。

此等の人々は、何千年もの間、史筆（歴史家の文章）に於いては、誰れも代表的悪玉とされてきたが、本書を此処まで読んで下さった読者ならば、ご理解頂けたと思うが、実は大変な名君であり、人類の為に不朽の業績を残してくれている。

其の業績の中には、現在の我々人類が大きな余沢に与かっているものも少なくないのである。

実に、暴君と名君とは紙一重である。

其の境界たるや、天才たる狂人の場合よりも定かではない。

名君になるくらいの素質と能力のある者でなければ、到底〝暴君〟に等なれるものでないし、また、〝暴君〟として、有りと有らゆる暴虐を続けられると言うのも、実は是れは大した能力で、心機一転すれば、大した名君となれる素質を持っていると言う事である。

暗愚でどうしようもない君主等は、何かしようとしても、「あいや我が君、それはなりませぬぞ、殿ご乱心」とか何とか、直ぐに家来に取り押さえられてしまう。

悪くすると暗殺される。

或る歴史家は、**古代史は権力者暗殺の歴史であると言ったが、専制君主ほど弑殺の危険の大きな者はない。実に、巨大な権力ほど飼い馴すことが困難な動物**（an awkward animal to tame down）**はいない。**

是れを好き勝手に駆使できる者、其れが名君或いは暴君で、両者は、ヴェクトルの向きが正反対なだけで、本質的には（intrinsically）**同種類の生き物である。**

殷の紂王（帝辛）と言えば、夏の桀王（帝履癸）と共に、古代中国に於ける暴君の代名詞となっているが、

「資弁捷疾　猛獣を手格し、　知は以て諫を拒ぐに足り、言は以て非を飾るに足る」

と言った程である。

詰まり、口の達者な事「風見鶏」中曽根の如く、其の力は猛獣と格闘できる程で、狡賢い事

は岸信介にも優り、どんな悪い事をしても十分に取り繕ってしまって誰も反対できない程であったと、『史記』の殷本紀にちゃんと書いてある。

是れ程の知力と体力があったのだから、其の能力が良い方に向いていたら、嘸や大した名君になっていたろう。

名君と暴君とは紙一重だと言ったが、此の二つを兼任している者も多い。

織田信長等は、古来の伝統主義の積弊を一挙に打破し、全国統一の端緒を開いた日本近代化最大の殊勲者であるが、其れと同時に、日本史上最大の暴君であろう。

名君と暴君とは、屢々、同一人物の中に同居する。

魏の曹操は、許劭の月旦評（人物評論）に、

「子は治世の能臣なれど、乱世の姦雄なり＝貴方は、平和の世の中なら立派な役人（中国では、あらゆる意味で役人が社会のトップである）となれましょうが、世の中が乱れてくると、悪党の大親玉になるでしょう」と言われた。

是れで怒る様では、三国志のスターたる曹操ではない。

「流石、月旦の名人許劭だけの事はあるワ、よくぞ俺の人物を見抜いてくれた」と言って、喜んで立ち去ったそうである。

乱世になると、姦雄（悪知恵に長けた英雄）でないと大きな働きが出来ない。

しかし、其れくらいの者でないと、大業績を積んで、天下を匡正（時間をかけてより望ましい状態に改める事）する事なんぞ、初めから期待する方が無理だ。

だから、よく見てみると、史上に盛名を輝かした程の「名君」でも、其の実際に行なった事と言えば、「暴君」のやった事と、余り違いはないのだ。

政治倫理が分かる国民が栄える

中国に於いて「代表的名君」としてのコマーシャルに成功している者としては、唐の太宗・李世民に先ず指を屈するが、権力を巡っての闘争に於いて彼が行なった事と言えば、代表的暴君たる隋の煬帝や、代表的鬼婆たる則天武后のやった事と、余り違わない。

後の太宗・李世民は、戦功こそ抜群であったものの、唐帝国の創始者、高祖・李淵の第二子であったため、皇太子にはなれなかった。

そこで李世民は、兄の皇太子・建成と、是れを援けた弟の元吉を玄武門に誘き出して殺し、父の高祖・李淵皇帝に迫って譲位させて皇帝の位に就く。

是れが、中国史上有名な「玄武門の変」であるが、此処で重要なのは此の事だ。

政権が目の前にブラ下がると、史上最大の名君のブランドで売り出している唐の太宗も、目の前にフライド・チキンを突き付けられた飢えたドラ猫みたいになってしまうと言う事である。

此処に「権力」と言うものの魔力がある。

此の事は、彼の自民党の「四十日抗争」を思い出して頂くと良く分かるだろう。

立憲政治下に於ける政党の機能は、政権担当にあるのだから、同一政党から二人の人間が総理を争うと言うことは、絶対に有り得ないことだ。

是れは、立憲政治の初歩の入門の其のまた手解きで、中学生だって知っている。

しかし、殊政権の座を廻る争いとなると、大平、福田と言った、総理、前総理ともあろう者が、見栄も外聞もあらばこそ、子供さえ呆れ果てる珍劇を演ずる事になったではないか。

此処で肝要な事は、政治家とは普通の人間とは全く違った動物である、と言う事である。

だから、**普通の人間の倫理で政治家を律すると、とんでもないことになる。立派な政治家と駄目な政治家との区別がつかなくなってしまう**。普通の人の目から見ると、どうせやる事は似た様な事だ。と言うよりも、もっと悪い事に、政治家は、普通人の倫理では決して行なってはならぬ事を、平気でやらかす人種である。

故に、こんな倫理に照らしてみると、政治家は皆な極悪人になってしまう。

しかも、**優れた政治家がいないと、人類は生存を続ける事が出来ない。船長を失った帆船みたいになってしまうのだ。**

唐の太宗は、玄武門で兄弟を誘き殺し、父に迫って位を譲らせたが、**彼あればこそ、中国は真の意味での大統一を完成させ、民は挙って「貞観の治」を謳歌したのであった。**

良い船長とは、船の操縦に長けた船長の事であり、良い医者とは、患者を治すのが上手い医者の事である。また、船長の倫理とは、安全に航海目的を達成する為に忠実な事であり、医者の倫理とは、患者を治す為に忠実な事である。

其れ以上でも、其れ以下でもない。

また、此の目的実現の為なら、日常生活では決して許されない事でも十分に許される。いや其れどころではない、其れこそが倫理的なのである。

例えば、女性を裸にしたり、他人の腹を切り捌いたり、普通の人がこんな事をしたら犯罪だ。しかし、医者ならどうだ。其れが治療目的の為に必要な時に、もし是れを躊躇ったりしていて、手遅れになって患者が死んだりしたら、却って其の方が医者の倫理に反し、責任問題が発生するであろう。

船長も、大暴風雨の時、狂乱した乗客や船員の行動が、船の安全にとって致命的であると判断するのに十分な理由がある場合には、任意に是れを射殺して良い。

其れが、船長の倫理だ。

政治倫理とは、正に、此の様なものである。

政治指導者及び其の他の政治家の義務は、国民の安全と生活を保障し、国を繁栄させ、外敵から守るにある。近代では、其の上、デモクラシーと国民の権利を守るにある。

此の義務を忠実に果たす事、其れが政治倫理であり、其れに尽きる。

また、此の目的の為なら、普通の人間には許されない事でも許される。

また、是れと関係のない所で、何をしてもまたしなくても、政治指導者としての評価に影響が生ずる事はない。

是れぞ政治のエッセンスであり、此の事を理解した国民は栄え、此の事を忘却した国民は、高い代償を支払わされる。

田中角栄は〝昭和元禄(げんろく)〟の名悪役

しかし、此の事の理解、是れほど困難な事はない。

医者や船長や芸術家の場合だと、割合いよく理解される。

彼等の場合なら、普通人にとってなら、極めて非倫理的な事でも、実に優れて倫理的な事が有り得る事は、既に幾つかの例を挙げて説明した。

更にまた、其の独自の倫理さえ忠実に遵奉しさえすれば、其の他の分野に於いては、是れと全く関係はない――、是れもまた、割合いによく理解される。

例えば、よく患者を治し患者に親身な名医は、女誑しで、（治療の時以外には）呑んだくれで、競馬とオートレースとが大好きであろうとも、此等の事は、彼が名医である事を少しも妨げはしない。医者の倫理に反するとも言われはしない。

患者にしたって、品行方正な藪医者より、此方の方がいいに決まっている。

船長だって、同様だ。更に芸術家ともなると、世の道徳に反した方が、却って人気の出る事もある。

政治家の場合も、本当は此等の場合と同じ、いや其れ以上に「政治倫理の独自性」を理解して貰わないと十分に活動できないのであるが、中々どうして、そうはゆかない。

其の理由は、政治の世界には、所謂、「マキャヴェリのジレンマ」なる厄介この上ないものがあるからである。

マキャヴェリは言う。

君主がもしこれらの性質（慈悲深く、忠実で、愛想が良く、敬虔（けいけん）である事……編集部補筆）を備えてそれを実行するとなると有害であるが、ただ備えているように見せることは有益である。（『君主論』黒田正利訳。岩波文庫）

即（すなわ）ち、政治指導者の場合には、普通人の倫理から見て美徳と考えられているものを備えていてはならない――其んな事ではとても、政治家としての義務を果たす事は出来ない――が、外見上は、此等の美徳を備えている様に見せ掛けないといけない、と言うのである。

此の様に、実質上と外見上とが、正に正反対である事が、政治家として存在し得る為の資格であるから、世の人々は、どうしても、政治家の実質も、彼が取り繕っている外見と同じものである事を要求する様になる。

普通の人間の倫理に於（お）いては、〝見せ掛け〟と〝実際〟とが食い違う事、当人が、自分はこんな人間でございと宣伝している事と、此の人の実質とが正反対である事、是れは〝偽善〟(hypocrasy)として、最大の悪の一つだとされる。

ところが、**〝偽善者（ハイポクラット）〟**でなければならないのが、政治家の条件なのである。

此の事は、普通の〝善良なる市民〟(respectable citizen)には、如何にしても分かりようがないほど難しい事かも知れないが、こう理解すればいいだろう。

政治家とは、一種の役者（actor）である。故に、其の本来の人格（personality）とは全く関係なく、其の役割（role）に応じて振る舞わなければならない。此の際、人格と役割とが食い違っても、何の不思議もない。貧乏な女優がシバの女王に扮し、小心で善良な役者がカポネに扮したって、少しも差し支えはないではないか。其れはいいのだが、此の際彼等は、暫くは自分自身の存在である事を止めて、劇中の役割に成りおおせない事には、芝居も映画も出来上がらない。監督はカンカンになり、スポンサーが付かなくなるだろう。

是れを〝偽善〟と訳すのは、実は誤訳の一種だ。ハイポクラット（hypocrat）とは、元々〝役者〟と言う意味である。

此の際、〝役者〟の倫理とは、見事に役割を演じて観客を楽しませる以外にはない。私の役は悪役だから、脚本を自主的に修正して、もっと善良に振る舞いましょうなんて言ったら、一体どうなる。

政治倫理の本質も、正に此処にある。

政治指導者を始めとする各政治家は、「政治家の義務」（二五四ページ参照）を遂行する為に与えられた役割を忠実に実行する、是れが「政治倫理」である。

割り振られた役割が悪役なら、悪役通りに務めるのが此の人にとっての政治倫理であって、憖じ悪役が「善人」の真似でもしようものなら、政治システム全体がメチャメチャになる。
政治のシステムも、分業と協同のシステム（The system of division of labor and coordination）として作動するから、皆な決められた役割通りに振る舞って呉れない事には、ボイラーマンがパーサーの真似をした船みたいになってしまう。

例えば、池田、佐藤両内閣の十二年間、政治は安定し、経済は空前の大発展を遂げ得たと言うのも、田中角栄と言う悪役がいて、一人で殆ど全ての泥を引っ被ると言う役割を演じたからに他ならない。

もし彼がいなかったら、昭和元禄の芝居は、吉良上野介のいない忠臣蔵になってしまい、田舎芝居どころか、猿芝居としてすら興行は出来なかったろう。

本書に於いて、ネロ、ヘロデ、始皇帝、煬帝、則天武后、ヒットラーと挙げて、世界史の悪役を選んで登場せしめた理由も此処にある。

ヘーゲルをしてタイム・マシンに依って現代に連れて来たとすれば、彼等こそ実に、世界史の進展に於いて、各々の役割を果たした世界精神（Welt Geist）だと評する事であろう。

塚本邦雄氏は、

―美学としてのナチスは、おそらく人間性そのもののうちに根拠をもっているのである。

（磯田光一『近代の迷宮』）

祝祭と陶酔への希求こそワーグナー音楽の本質であり、ヒトラーの「わが闘争」の主題と、遠く近く呼び交わすものであった。人の死に栄光を与え得るのは、ただ一つ、絶対者に捧げる忠誠のみ。この理念は、単にナチスに限らず、日本人にも通じる、政治のワーグナー化とも言えよう。（毎日新聞、一九八三年四月二十日）

と言ったが、ヒットラーは言うまでもなく、彼等こそ実に、世界史が生んだ最高の芸術作品である。

政治家の評価は論功のみで論じるべき

更にまた根源的に、政治学的分析を深めてゆくと、「小市民的倫理」、或いは前近代的社会に於いても通ずる、より一般的な表現を用いるならば、**「普通の人々の素朴な倫理感覚」が、如何に政治家の評価を誤らしめるか**、此の事を如実に示している。

「デモクラシーは、何処にでも此処にでもいる張三李四（普通の）の人々の素朴な正義感に支えられた自然状態（Natural State）である」

デモクラシーを支持する人々にとって、何と甘く、耳に快い言葉であろう。

また、斯くの如く信じ切っている人も多い。

しかし、斯くの如く信じている人々が大多数であったなら、デモクラシーなんか消し飛んでしまう。其れ以前の問題として「政治」其の物がなくなって、**民は永遠に、アノミーの無間地獄を彷徨う事になろう。**

そうではなくて、ネロ、ヘロデ、秦始皇、隋煬帝、則天武后、何れも「政治の倫理」、是れが分かった人々であった。其れであればこそ、最近、此等の人々の〝見直し論〟が出て来たのであろうが、此処で最も重要なのは、次の問い掛けである。

何故に彼等は、其の大きな業績にも拘わらず、何千年にも亘って、史上、限りなき悪評の的とされて来たのであろうか。

本書を読んで下さった読者ならばお分かりの通り、彼等に関する悪評の殆どの部分、とまで言うのが言い過ぎであるとしても、少なくとも可成の部分は誤解に基づく。

更に重要な事は、其の「功績」が忘れ去られてしまっている、いや其れよりも、無視されている事である。

是れは断じて公平な歴史家の態度とは言えない。

或る時、孔子の弟子の子路が、孔子に質問して言った。

「斉の桓公が自分の兄弟の公子糾を殺した時、糾の家来の召忽は糾の為に死んだのに、同じく糾の家来であった管仲はオメオメと生き永らえた上、主人の仇の桓公に降参して桓公の家来になりました。こんな卑怯な事をした管仲は、不仁な人物と評価して宜しいでしょうか」と。

日本人的センスからすれば、孔子は儒教の元祖。儒教的倫理では、当然、右の様な管仲の行為は許すべからざる事であると思われがちだ。日本の封建的武士の倫理だと、必ずこうなる。

ところがどういたしまして。

孔子は「政治の倫理」を知っていた。また、功績は功績、欠点は欠点と、ちゃんと区別して評価する公平な歴史家の目を持っていた。

孔子は答えて言った。

「桓公が天下の覇者となって諸侯を会合した時、軍事力のデモンストレーションの必要がなく平和の内に此の会合を成功せしめたと言うのも、皆な管仲の功績である。管仲の仁を評価しない訳にはゆくまい」

即ち、時の中国は麻の如く乱れ、周の王室は危うく、今にも国ごと野蛮人に乗っ取られそうであった。此の中国を救う為には、諸侯が会合し一致協力して国難に対処しなければならない。此の諸侯会合を平和の内に行なったのだから、管仲の功績たるや絶大なるものがある。

此の大きな功績に比べたら、高が召忽程度の人物に対する義理を欠いたぐらいの事、無視して宜しい。管仲こそ仁人であると評価すべきである、と孔子は言った。

流石は孔子、「政治」の本質を良く知っている。

しかし、此の処は、余程日本人のカンに触ると見えて、徳川時代以来、余り講義されていない（『論語』憲問第十四。十七）。

と言う事は、**知識社会学的に大変興味のある所で、日本人は、昔から政治アレルギーであった事を証明している。**

著者が、「五億円くらいなんだ。角栄の功績を考えれば、チリ紙にも当たらぬではないか」と言うと、凄い反発を買う。

近代デモクラシーの立場から、此の主張が正しい事を証明すると、今度は必ず、「西洋の理屈ではそうかも知れないが、東洋古来の道徳感覚からすると、そうは言えない」と来る。

一般市民の倫理で裁けるのか

では、日本人が言う「東洋古来の道徳」とは何か。

仏教は政治倫理と無関係だし、道教やイスラム教は殆ど日本に入っていない。

となると是れはどうしても儒教以外にない訳だが、日本の「ジャーナリスト」や「文化人」「知識人」の類い、『論語』すら読まないで、こんな発言をする。

日本のジャーナリストは取材屋だからまあいいとして、「知識人」は「無知人」に改め、「文化人」は「斉東野人」（どうしようもない無知蒙昧な人）の新用例になった方がいいだろう。

孔子に角栄物語を聞かせたら、必ず**「池田・佐藤がアメリカに比すべき富を築くに兵車（軍事力の行使）を以てせざるは角栄の力なり。其の仁を如せん、其の仁を如せん」**と言うだろう。

そして、ロッキードの五億円程度で大騒ぎする日本人なんて言う陋（狭量）なる事九夷（子罕第九。一四参照）の外なる野蛮人に吾の本が読まれてたまるかと、サムエルソンが『エコノミクス』の海賊版の絶版を命じた様に、四書五経の日本に於ける出版を禁止する事だろう。

著者が、**「現代の日本人は、儒教の論理を見境もなく近代デモクラシーに挿入させるから、デモクラシーは腐蝕して体をなさなくなる」**と言うと、必ず「其れでは近代デモクラシーだけが良くて儒教は古くさくてけしからんと言うのか」と反論される。

多くの日本人が儒教に郷愁（ノスタルジア）を感ずるのは勝手だが、**誤解は困る。**

経典も読まないで、是れが儒教的だなんて言う断定はもっと困る。

儒教は元々、優れて政治的な宗教で、政治を離れて儒教の存在は有り得ないのであるが、日本に入ってくると、其の「政治的」な部分がすっぽり抜け落ち、単なる一種の人間学に変身してしまう。徳川時代に於いて儒教は日本の国教的地位を占めていたが、**「日本人の儒教誤読」は、「現代日本人のデモクラシー誤読」と比較すると、興味は尽きない。**

アリストテレスは、人間を、政治的動物（アニマ・ポリティコス）と規定したが、唯一の例外が日本人だ。

知識欲旺盛な彼は、ああ是れは世界中、他の何処にも生息していない非政治的動物（アニマ・アポリティコス）と言う珍種だとして、其の中の何人かを——あなたがもし、其の中に入っていたらどうする——サンプルとして採取してゆく事だろう。

日本人は、政治倫理の中へ、無制限に一般普通人の倫理を流入せしめるからこそ、却って、其れ自身、独自的でなければならない政治倫理は、自分自身を確立させる事が出来ず、政治はアノミー化する。

日本人は其の極端な例であるが、程度の差こそあれ、普通人の倫理と政治倫理との混同は、何時の世、何処（どこ）の国に於いても避けられない事である。其の理由を求めて、我々は、既に「マキャヴェリのジレンマ」に付いて論じた。

前章までに挙げた六人の「世界史の悪役」は、普通人の倫理と政治の倫理との混同に因（よ）って生み出された犠牲者である。

「暴君」ネロは、母を殺し、妻を殺し、義弟を殺し、恩師を殺し……普通人の倫理として許すべからざることを為したが、五年にも亘る「ローマ最良の治世」と十五年にも垂々とする〝ローマの平和〟と繁栄を齎した功績をどうする。

ローマも末期となると、〝皇帝も一、二年で使い捨て〟の時代が来て、野蛮人は駸々乎として「アウグストゥスの領地」へ侵入し、ローマ市民は塗炭の苦しみを味わう事になる。

人民は何方が幸福か。

始皇帝の巨大な業績に付いては既に論じ、人民中国の成立以来、彼の再評価の気運は高まったが、日本人が先ず気にするのが、彼の万里の長城。人民を酷使して、何でまた、あんな無用の長物を造ったのか、と。

しかし、歴史をよく読むと、彼の万里の長城、明末に至るまで二千年以上も、中国を遊牧民から防衛する為に果たしてきた役割は限りなく大きい。

現在の長城は、明代を通じて大改造がなされたものであるが、如何に当時の中国経済、世界に冠たるものがあるとは言え、「無用の長物」に天文学的数字とも言うべき厖大な国帑（国の財産）を費やして修築を施すものかどうか。其れとも、当時、世界最高の文化を誇る中国人が皆な、数百年にも亘って発狂したとでも言う積りか。

果然（果たして）、明末、国力疲弊の極みにある時代すら、清（後金）の太祖から世祖に至るまでの三代、覚羅氏八旗の精兵も、終に山海関を越える事は出来なかったではないか。

是れぞ、政治の倫理である。

しかも、更に近代社会の到来と共に、「政治の倫理」と「個人の倫理」との乖離は截然（区別がはっきりしている）たるものとなり、相互に全く独自の分野を形成する事になる。

即ち、是れ等両者は、全く別個のものであるだけでなく、お互いに侵入する事を許さなくなる。此の点、前近代的倫理とは、全く意味を異にする。

「政治の倫理」と「個人の倫理」は別物

丸山真男教授の「日本政治学をして、お伽噺（a fairy story）から一個の学問にまで転化させる契機となった古典」の冒頭は、次の書き出しで始まる。

ヘーゲルはその『歴史哲學緒論』においてシナ帝國の特性を次の様に述べてゐる。

「シナ及び蒙古帝国は神政的専制政の帝国である。ここで根柢になつてゐるのは家父長制的状態である。一人の父が最上に位してゐて、われわれなら良心に服せしめる様な事柄の上にも支配を及ぼしてゐる。この家父長制的原理はシナでは国家にまで組織化された。

……シナにおいては一人の専制君主が頂点に位し、階統制（ヒエラルヒー）の多くの階序を通じて、組織的構成をもつた政府を指導してゐる。そこでは宗教関係や家事に至るまでが国法によつて定められてゐる。個人は道徳的には無我にひとしい」（『日本政治思想史研究』一九五二年。東京大学出版会）

前近代社会に於いては、政治倫理は、個人の内面にまで侵入していたのであった。

更に、丸山教授は、別の処で敷衍（ふえん）して言う。

周知のようにギリシャ市民における自由とはポリスへの参与を意味し、それに尽きていた。彼の生命と身体は挙げてポリスに属しており、道徳の体系はポリスへの忠誠に統一せられ、信仰はポリスの宗教への信仰であり、教育はポリスの公民への教育にほかならなかつた。ソクラテスの悲劇にも拘らず、いなまさにこの悲劇が確証しているように、合法性（Legalität）と正統性（Legitimität）とはいまだ全く分裂を知らなかつた。ギリシャにおける個体性はヘーゲルの指摘しているように、（Philosophie der Geschichte,Lasson Ausg. S.599 f）根本的に美的個体性であつて倫理的なそれではなかつた。むろんギリシャ人にも個人道徳が存しなかつたのではない。しかしそれは道徳のヒエラルヒーの最下位に立つていたのであり、それがポリスの徳に優位するようになつたときは、ギリシャの政治的統一自体が崩壊し、人々が現世からの離脱のためにそうした徳を求めるに至つた時代であつた。そうして、やがてマケドニア君主単独支配がその上に打ち建てられたとき、そこには、アレキサンダー大王の一身において、東方帝国に見たのと同じ、地上における神が出現した。政治権力への合一化を原理的に拒否しうる道徳は、集合道徳とも私人道徳（Privatmoral）とも区別される人格性の道徳（Persönlichkeitsmoral）としてのみ可能であり、それこそ一切の古代世界に欠けていたものであつた。世界宗教としてのクリスト教はまさにこうした人格の究極的価値の信仰に立つて、ローマの皇帝崇拝に真向から対決を挑んだのである。権力と道徳の問題は、ここに全く新たな展望が開かれることになつた。

（『増補版　現代政治の思想と行動』未來社　一九六四年）

では、**此の新たな展望の結果として成立した近代国家は如何なるものであろうか。また、其処（そこ）に於ける政治倫理は、前近代的な其れと比べる時、如何なる特徴を有するものであろうか。**

ヨーロッパ近代国家はカール・シュミットがいうように、中性国家（Ein neutraler Staat）たることに一つの大きな特色がある。換言すれば、それは真理とか道徳とかの内容的価値に関して中立的立場をとり、そうした価値の選択と判断はもつぱら他の社会的集団（例えば教会）乃至は個人の良心に委ね、国家主権の基礎をば、かかる内容的価値から捨象された純粋に形式的な法機構の上に置いているのである。近代国家は周知の如く宗教改革につづく十六、十七世紀に亘る長い間の宗教戦争の真只中から成長した。信仰と神学をめぐっての果しない闘争はやがて各宗派をして自らの信条の政治的貫徹を断念せしめ、他方王権神授説をふりかざして自己の支配の内容的正当性を独占しようとした絶対君主も熾烈な抵抗に面して漸次その支配根拠を公的秩序の保持という外面的なものに移行せしめるの止むなきに至つた。かくして形式と内容、外部と内部、公的なものと私的なものという形で治者と被治者の間に妥協が行われ、思想信仰道徳の問題は「私事」としてその主観的内面性が保証され、公権力は技術的性格を持った法体系の中に吸収されたのである。（前掲書）

一言で是れを要約すると、「政治」は全く人間の外面的行動（Overt behavior）**のみに関する事であり、人間の〝内面〟とは無関係だ、**と言う事である。

従って、「政治倫理」もまた、一〇〇パーセント人間の外面にのみ関係のある「倫理」であり、内面に於けるものとは何の関係もない。

「政治責任」が心情責任ではなく、結果責任であると言う根拠もまた、此処に由来する。

政治家には権力衝動が必要

扨(さ)て、此の様に、国家は、宗教其の他の実質的な価値と無関係になった故に、国家権力の性格もまた、前近代的な其れとは本質的に異なったものとなる。絶対王制の時代に於いて既にそうであり、デモクラシーになっても、此の性質は変わらない。

> 王は神聖なるが故に最高権力をもつのではなく、逆に最高権力を持つが故に神聖となつた。（この転換は思想史的にはホッブスにおいて成し遂げられた。）ルイ十四世が「朕は国家(レタ)である(セ・モア)」といったとき、それは同時に彼が「神の子」でもなければ「祖国の父」（Pater Patriae）でもないということを意味していたのである（ヴント「民族心理より見たる政治的社会」邦訳三七二頁）。こうして国家権力は宗教的＝習俗的制約——一言にしていえば政治外的制約から独立して、自己の固有の存在根拠と行動原理とを自覚した。これが即ち近世における国家理性(レーゾン・デタ)のイデオロギーである。宗教改革が教権の世俗的支配に抗して、クリスト教的信仰の彼岸性と内面性を強調したさしあたりの結果は、世俗権力の大つぴらな自己主張として現われたのである。（前掲書）

ところで、**此処から先が、近代国家に於ける「政治倫理とは何か」を理解する上で、特に重**

要である。

よく注意して読まないと、とんでもない誤解に導かれる。

それでは近世の国家権力はもはやあらゆる倫理的規範と無関係になったのかというと、それは二重の意味においてそうではなかった。第一に、国家理性(レーゾン・デタ)のイデオロギーはしばしば、無制限かつ盲目的な権力拡張の肯定と同視されるが、そうした理解はその最初の大胆な告知者たるマキアヴェリにおいて、既に全くちがっている。それは具体的には教皇の世俗的支配権の武器として機能していたようなクリスト教倫理に対するアンチテーゼであり、彼はその批判を通じて政治権力に特有な行動規範を見出そうとしたのである。いわば政治に対する外からの制約の代りにこれを内側から規律する倫理を打ち立てようというのが彼の真意であった。むろん彼はアンチテーゼを主張する点であまりにラジカルで、その反面積極的な体系の建設においては必ずしも成功していないけれども、いわゆるマキアヴェリズムが凡(およ)そ彼の本質から遠いことは確かである。この点、カール・シュミットが、「若しマキアヴェリがマキアヴェリストであったとするならば、彼は彼の悪名高い『君主論』などの代りに、むしろ一般的には人間の、特殊的には君主たちの善性について、人を感動させるようなセンテンスを寄せあつめた本を書いたことであろう」(C.

Schmitt,Der Begriff des Politischen,1936,S.47）といっているのは、よく問題の焦点を衝いた言葉である。政治に内在的な行動規範とはどのようなものかということはいずれ別個に論ずるとして、ここではただ近世の国家理性のイデオロギーが単なる権力衝動の肯定ではないことだけを指摘して置こう。（前掲書）

即ち、**近世に於いて初めて、大胆に「権力衝動」は肯定される**。是れは、**近代資本制社会に於いて初めて、大胆に「利潤追求の衝動」が肯定された様なものだと理解すればいい**だろう。

此の衝動は、政治家にとってあって良いものであり、また、是れがない事には政治家は務まり様がない。此の事は恰かも、食欲がなくなれば死ぬ他なく、性欲がなくなれば夫婦関係其の他の男女関係が成り立ち得ない。此の意味で、食欲も性欲も、正常な現象として尊重しなければならないと言うのと同じ事である。

此の様に、政治家にとって権力衝動は正常な事として尊重しなければならないのではあるが、何でもかんでも、唯ガムシャラに是れを追求してよいと言うのでは決してない。

其処に「政治倫理」と言うルールが、がっちりと敷かれなければならないのであるが、此の

「政治倫理」、普通の倫理だとか、宗教だとか、政治以外の所から持ち込まれるものであってはならない。政治其のものの中から滲み出たものでなければならない。

政治は元々極めて野獣的なものであるから、「政治倫理」と言う事自体、既に大きな矛盾を内包している。**此処の処が、どうしても日本人には分からない。**

即ち、

> 政治は本質的に非道徳的なブルータルなものだという考えがドイツ人の中に潜んでいることをトーマス・マンが指摘しているが、こういうつきつめた認識は日本人には出来ない。ここには真理と正義に飽くまで忠実な理想主義的政治家が乏しいと同時に、チェザーレ・ボルジャの不敵さもまた見られない。慎ましやかな内面性もなければ、むき出しの権力性もない。すべてが騒々しいが、同時にすべてが小心翼々としている。この意味に於て、東条英機氏は日本的政治のシンボルと言い得る。そうしてかくの如き権力のいわば矮小化は政治的権力にとどまらず、凡そ国家を背景とした一切の権力的支配を特質づけている。（前掲書）

其れ故、「政治倫理」と市民一般の「倫理」との峻別など出来る訳がない。

しかもこうして倫理が権力化されると同時に、権力もまた絶えず倫理的なるものによつて中和されつつ現われる。公然たるマキァヴェリズムの宣言、小市民的道徳の大胆な蹂躙の言葉は未だ嘗てこの国の政治家の口から洩れたためしはなかつた。政治的権力がその基礎を究極の倫理的実体に仰いでいる限り、政治の持つ悪魔的性格は、それとして率直に承認されえないのである。（前掲書）

其れ故、**現在の日本に見出されるものは、唯混乱とアノミー、其れだけである。**

幾つかの例に付いて、是れを説明したい。

賭博事件報道に見るマスコミの貧困さ

法律的責任の問題と政治家の責任の問題、其れに個人の倫理の問題は、全く次元の異なるレベルの問題だ。

然かるにジャーナリズムは是れを混同してしまっている。

其の好例が、浜田幸一の「博打代議士辞職劇」の一幕である。

代議士浜田幸一はラスベガスで博打をやり、大敗して借金を作った。偶々渡米していた小佐野賢治に其の借金を肩代わりして支払って貰った（浜田否認）。是れが国会で問題になり、喚問せよ、いやダメだとすったもんだの末、マスコミは勿論、世論からも袋叩きになって、浜田幸一は代議士を辞職するのだが、是れはどう考えても筋の通らない話である。

何故筋が通らない話であるかを、論証してみよう。

先ず法律的に言うと、浜田氏は、「収賄罪」（刑法第一九七条）に問われるのであろうか。

第一に、収受・要求・約束の此の三つの中の一つがなされた事実があったかどうか。

ここでは「収受」が問題とされる。

検察側は法廷で、「クラッターはロッキード売り込みの謝礼として二十万ドルをロサンゼルス空港で小佐野に渡し、小佐野は浜田代議士の借金を此の金で支払った」と主張しているが、小佐野はクラッターは空港にはいなかったと、金の受領と四回分割払い約束の四回目の肩代わりを否認している。

浜田は、カジノ借金はホテルに立替えて貰って、小佐野に立替えて貰ったのではないと言う。

つまり、検察の主張が事実かどうかは、全然確定していない。だから、先ずクラッター→小佐野→浜田という風に金が動いたと言う「事実」があるかどうかを調べる事が先決であり、小佐野や浜田が主張する様に此の事実がなかったならば、初めから問題はない訳である。

また仮に、其の様な金の動きがあったとしても、其の金は、浜田がロッキード社から「収受」したものかどうか、疑問がある。

其の金が、検察側の言う様にクラッターから小佐野に渡ったものであっても、其の目的が浜田に渡す事にあったかどうかと言う問題が残る。

クラッターは別の目的で小佐野に渡したのだが、小佐野は浜田の窮状を見兼ねて一時流用したと言う事も十分、考えられる。小佐野が単なる友情で立替えても、其れはプライベートな問題である。

浜田は問題の第四回目の支払いがなされた四十八年十二月、未だ当選二回の陣笠で、国の役職には無関係な立場なのだ。機種決定には影響力などゼロ。そんな政治家が博打で借金したからと言って大金を出すなんて事をしていたら、ロッキード社はとっくに破産していただろう。

となれば、検察の言う事実が仮にあったとするならば、此の金は小佐野から浜田へではなく、田中首相なり中曽根通産相なりに渡るべき性質のものだった、其れが暫定的に浜田の所に行ったのだと考える方が自然である。

其れならば、浜田が「金を受け取った」と言う事実は「金をロッキード社から収受した」と言う事実にはならない。詰まり「収受」の事実はないのである。

第二に、其れが浜田の「職務権限」に関わるものかどうか。言うだけ野暮だ。何の官職にも就いていない浜田に職務権限なんてあってたまるものか。

第三に、本人に収賄の意思があったかどうか。詰まり、金を受け取った時に、是れはワイロじゃわいと思っていたかどうか。

チンピラ陣笠代議士（当時）に、機種決定に関与する職務権限など有り得よう筈がない。況して、博打に負けると言う謂わば偶発事故に遭って「さあ、賄賂を寄越せ」等と言う馬鹿馬鹿しい贈収賄など凡そ考えられない。犯意のないことも明らかである。

賄賂を収受した事実、職務権限（があること）及び犯意（があること）、此の三つが収賄罪の構成要件だから、三つ揃えでないとダメ。此の内一つが欠けても、浜田は無罪となる。其れで十分に無罪なのだが、三つの要件、皆な欠けている。

ギャンブル辞職は許されない

しかし、浜田幸一は、国会の証人喚問には堂々と応ずるべきであった。何故ならば、刑事訴訟の場合と違って、政治責任に付いては政治家は挙証義務（そんな事はしていないと証明する責任。アリバイ証明をする責任）があるからである。

中曽根康弘は、野党の喚問に応じ堂々と論破して、〝灰色〟から〝白〟になってしまったではないか。

浜田幸一は、中曽根ほど弁舌爽やかではないかも知れぬが、折角のチャンスだったのだ、自分は潔白だと主張すれば良かったのだ。

「職務権限もなく、しかも無派閥で現実の政策決定に何の影響も持たない俺に、賄賂を送る様なそんなバカな商売人が何処の世界にいるか」とタンカを切れば良かったのだ。浜田さんが偉くなった時に貸しを返して呉れればよいと言う意味で金を出したと仮定しても、そんなものが賄賂になる筈がないではないか。第一に、ロッキード社がそんな金を出すかどうか。

どう考えてもあの一件は、無罪。また、政治責任もないのである。だから浜田幸一、議員を辞職する必要は全然なかった。いや、決して其れは許されない。

だがジャーナリズムは、「いや、法律的には無罪であれ、政治責任もなくても、国会議員が博打をやるとは破廉恥だ」と攻撃した。

其れに対して浜田幸一は言う。「賭けマージャンや競馬を、一度もやった事がないと言う謹厳実直居士がどれだけいると言うのか。俺は居直っているのではない、事実を言っているのだ」と。だから、博打をやるのが悪いと言うなら今の政治家は皆退陣しなきゃならぬのと違うか、と。

此の論理は、「あいつが泥棒したから俺もヤル」と同じ事で、言い訳にならない。しかし浜田が弁明したいなら、もっと堂々とした言い方が幾(いく)らでもある。次の様に言ったらどうだ。
浜田幸一は、無罪である事を証明する為には、賭博罪が属地主義である事を主張すべきなのだ。外国で殺人を犯した事が日本で発覚した場合は刑法一九九条が適用されると言う、属人主義を採(と)る殺人罪とは違って、銃器所持、ポルノ、賭博と言った犯罪は属地主義である。其の国の法律に従えば良い。

浜田幸一がラスベガスでどんなに大博打をやって勝とうが負けようが、日本の刑法は適用されないのだから、法律的な側面では釈明をする必要は全くないし、犯罪人であるかの様に攻撃される理由も少しもない。政治的責任が生ずる問題でもない。

いや、法律や政治の問題ではない、道徳の問題なのだと言う反論が出るだろう。

事実、博打そのものが悪いのだ、しかも政治家たるものが博打をするとは、とジャーナリズムは浜田幸一を叩いた。だが、競馬・競輪・宝クジと言った博打を、政府が公認しているからと言って攻撃しないでいて、突如、浜田だけを悪者扱いにするのは、全くおかしい。**政治責任と個人の道徳の問題を混同するというジャーナリズムのバカさ加減が、此処(ここ)に典型的に現われている。**

しかし、浜田幸一のバカさ加減も是れに劣らない。全く、いい勝負である。

彼は、「俺が博打で大金をすったと言う事は、スターの離婚話やスキャンダルと同じ次元の事だ。

面白可笑く書き立てるなら、勝手に書け。俺は相手にしないよ。幾らすろうとオレの勝手、お前に借金払ってくれと言ってんじゃないんだ。俺と小佐野の二人だけの話なんだ」と、事の性質を明確にしてやれば、其れで必要且つ十分であったのである。

ところが浜田幸一は、自分は潔白であるにも拘わらず、潔白でない様な錯覚を起こしてしまった。

これでは漱石『坊っちゃん』の狸の論理ではないか。「人の尻を自分で背負い込んで、俺の尻だ、俺の尻だと吹き散らす奴が、何処の国にあるもんか、狸でなくちゃ出来る芸当じゃない」と言う訳だ。

そして、自分の問題で大平総理が反主流派から散々突き上げられるのが申し訳ないと、議員を辞職してしまう。

私は、此の辞職は政治家として決定的に誤っていると断言する。

政治家は、仮令相手が総理大臣と雖ども、個人的な義理立てで行動するものでは、絶対にな

い。浜田幸一は、**あの時点で、選挙民の意見を聞くべきだったのだ。せめて支持者の代表の意見を聞いて、其の決定にこそ従うべきだったのである。それが、政治家としての出処進退なのである。**更にまた、辞職した次の選挙に立候補しなかった事も、政治家として完全に間違っている。

本人に政治をやる意志があり、選挙民が其れを支持しているならば、立候補して然るべきなのである。

選挙は、政治的な最終決定である。選挙民の審判を受ければ、政治的責任は免ぜられるのである。

いや其れどころではない。立候補する政治的義務がある。

政治責任は、最終的には、国民に対して取られるべきであり、其の国民の意志は選挙民の投票に依って決定されるのが代表デモクラシーの原則である。浜田に政治的責任があるかどうか、政治家として適任かどうか、其れを窮極的に決めるのは、大平首相でもなく、ジャーナリズムでもなく、国会でもない。

選挙に於ける投票である。是れぞ国民主権の発動である。

国民主権の発動を妨げる事、デモクラシー国家の政治家として、是れより大きな罪はない。

浜田が引退して政治家を廃業すると言うなら話は別だが、そうでない限り、落選もしないで勝手に代議士を辞める事は許されない。

戦前日本軍に於ける敵前脱走（敵前逃亡の兵士は何処の国でも銃殺である）と同じで、収賄罪何ぞとは比較にならない大罪である。浜田幸一を即座に銃殺せよ。

江青も羨む犯罪者・神近市子

浜田幸一は、法律的にも無罪であり、政治家としての責任もない。

然るに、〝政治の浄化〟〝金権政治糾弾〟を旗印に、「汚職代議士は落選させよう」と当該代議士の選挙区で演説する運動を行なっていた、故・神近市子衆院議員は、「ラスベガス賭博事件も政治家のスキャンダルだから同じ様に糾弾する」と語っている。バカも此処まで来ると犯罪的。

近代デモクラシーに於いては、法的な最終的決定は裁判官にあり、政治的な最終決定は選挙民にある。そして、倫理的道徳的な最終決定は、自分自身にある。

政治的倫理の最終決定者は選挙民だが、個人的倫理の最終的決定者は当事者本人なのである。本人が「私は確かにやった、しかし悪いとは思っていない」と言えばそれっきりなのである。

此の個人的倫理の領域にまで、衆議院と言う権力を構成している議員である神近市子が干渉するのは、個人の良心の自由を侵犯するものである。其の意味では、浜田幸一と神近市子の二人の政治責任を比べれば、神近市子の政治責任の方が遥かに大きい。

然るに、此の事を指摘する者が誰もいなかったと言うのは、どうしたことか。

神近市子は、其の前にも、大杉栄と伊藤野枝と自分の三角関係の縺れを描いた映画『エロス＋虐殺』（吉田喜重監督）を、プライバシーの侵害であり、また事実に反すると言う理由で、公開禁止の仮処分を申請している。

周知の様に、政治家や公務員、詰まり公人の場合のプライバシーは、普通の人間の其れよりも範囲が狭い。事実である限り、どんな事を暴かれようと、書き立てられようと、名誉毀損にはならないのである。是れが原則と言うものである。

また、事実に反すると言っても、大体、パーフェクトに事実其のものを伝える事は、不可能である。従って新聞報道と評論、創作活動では自ずから限度が異なってくる。プライバシーの侵害か否か、其の境界は極めて微妙な事ではあるが、創作の場合は可成な程度まで許されると言っていい。

ところが神近市子と言う政治家は、そう言った原則を無視して、様々な圧力を掛けたのである。是れを表現の自由に対する侵犯と言わずして何と言うか。浜幸事件に於ける、個人の良心の自由の侵犯と言い、映画『エロス+虐殺』に於ける表現の自由の侵犯と言い、神近市子の方が浜田幸一よりも遥かに重罪を犯しているのである。

十数年前、イギリスで、プロヒューモ陸相事件と言う政治スキャンダルがあった事をご記憶の方もあるだろう。ガールフレンドが売春婦であった事が発覚して、プロヒューモ陸相は辞任し、政界からも引退したと言う事件である。日本では此の辞任を、女性問題のスキャンダルと言う個人道徳のレベルで捉えたけれども、其れは正しくない。プロヒューモは、そう言う事実があるにも拘わらず、議会で「そう言う事実はない」と偽証した政治的責任を問われて陸相を辞任し、更には政界を引退したのである。

個人の道徳的責任である女性関係を、政治責任とする様な錯覚は、日本人が近代デモクラシーと儒教倫理とを混同している所から起きる。即ち、浜田幸一ラスベガス賭博事件を、政治的倫理の問題であるとした神近市子は、「政治家とは国民の道徳的手本である」「政治家は国民の主人である」と言う意識を以て、個人の良心の自由を侵犯したと言う意味では、浜田幸一なんぞ比較にならぬほど重罪なのである。

近代デモクラシー国家の政治家にとって、一番の重罪は「良心の自由を犯す事」、二番目が「言

論もしくは表現の自由を犯す事」である。

　神近市子は、此の二つとも犯したのだから、もう立派に、戦争犯罪人ならぬ「デモクラシー犯罪人」である。

「こんな人間は、チャールズ一世当時の英国議会が首相ストラッフォード伯爵を死刑にした様に『不法でもなんでも』死刑にせよ」と主張した者が一人もなく、目出たく天寿を全うさせたのだから、**嘸や江青が羨ましがっている事だろう。**

我々は今なお「間に合わせのバラック」の住人である

政治家の任務は、「国民を幸せにし国家を安全にする」事にあるのだから、其の目的を実現する為には、普通の人間に許されない事でも許される場合が屡々ある。

　政治の世界は、一般人の生活世界とは違うのである。そう言う政治世界で有能な政治家である為には、政治家たるもの、**権力欲に滾っている人間でないと駄目である。**

此の事を、国民ははっきりと理解すべきである。

　権力欲のない政治家は、国を滅ぼすのである。だから「出たい人より出したい人を」等と言うスローガンは、ナンセンスも甚だしい。俺が俺がと、権力欲の権化の様な人物でなければ、国を富まし隆盛に導く事は出来ないのである。

権力欲が全然ない近衛文麿は全然ダメで、権力欲が余りない片山哲や鈴木善幸が殆どダメだった事を思い出すといい。

政権の政治目標は、元々占領軍下で作られた暫定的制度でありながら、三十八年経った今も続いている諸制度を全面的に見直し、独立国日本に相応(ふさわ)しい制度に変えていく事である。

我々は今なお、焼け跡に建てた間に合わせのバラックに住んでいるのだ、と言う事に今こそ気付くべきなのだ。

昭和二十七年、主権を回復した時点でやらなければならなかったのに手を付けなかった事を、今こそ洗い直し、検討し直して、バラックではなく本建築の住居、詰(つ)まり真の独立国を作るべきなのである。

戦後体制の根本的見直しの時期であると言う事、其の一点で、今日本は乱世であり、過渡期なのである。**私達は、今こそ、近代デモクラシーを選ぶのか、はたまた違った体制を選ぶのか、其の選択を迫られている。**

日本が平和だなんてとんでもない。世は乱世なのである。此の時代を生き抜いていく人間は、著者が述べてきた〝政治家〟的タイプのみなのである。

近代デモクラシーが要求している、動機は何であれ、手続きと結果さえ良ければよいのだ、と言う**「政治の世界の倫理」**を我が物とした人間こそ、あらゆる分野で〝勝利者〟たり得るのである。

あとがき

リヴァイアサンの様な怪獣でないと誠実な政治は出来ない。

何時の世でもそうだが、特にデモクラシーズ（デモクラシー諸国）が存続し得る条件は、其の上、立憲の常道が守られ、ジャーナリズムが正常に機能している事である。

ところがどうだ。

現在の日本では、只一匹の政治怪獣・角栄が暴民化したマスコミに抹殺されかかっている。パンダをすき焼きにするより勿体ないと思わぬか。

田中角栄を虐殺したマスコミは、反す刀でデモクラシーに止めを刺すに決まっている。

「政治」が分からないとこうなる。

始皇帝、ネロからヘロデに至る歴史の悪役は、実は名君で大政治家で人民に厖大な貢献をした。「政治」が分かっていたからだ。

でも、其処が不幸の始まり。**政治の倫理は、庶民の素朴な正義感と正面衝突する。**

角栄の悲劇の根本的原因も此処にある。

彼が戦後日本の贖罪の巨鯉として犠牲の祭壇に供せられようとしているのは、決して彼が犯した「罪」故にではない。其れは、彼の功績とマスコミの政治音痴と、其れから彼が実は、日本人の本当の行動様式（Ethos）を知らないからである。

角栄は何でこうタンカを切らなかったんだろう。

「俺は賄賂も取った。土地も転がした。福田始め政敵を倒す為に、権謀術数の限りを行使して抗争もした……。しかし、其れが何だ。こうしないと政治が出来ないんだ。全てお国の為で、一片の私心もない」

此の様に言えず、また、言おうともしない所に、日本人の角栄アレルギーの根本的理由が潜む。角栄なんか及びもつかない悪党なんか幾らでもいた。

代表格が頭山満。スーパーギャングで人殺しも平気。と言うくらいだから、恐喝、贈収賄……日常茶飯事。

丸山真男教授は、『現代政治の思想と行動』の中で、

――ここに「頭山満翁の真面目」という本があります。その中にいろいろ頭山さんの談話が書いてありますが、一つ例を挙げて見ると、若い頃のことでこう書いてある。「あれは

血気盛りの二十六七の頃ぢや。東京へ出て来て五六人の仲間と一戸を借りて居つた。傘も下駄も揃つて居るのは初めの中で、やがて何にもなくなる。蒲団もなくなる。併し裸生活は俺れ位のもので他の連中は裸では通せんであつた。弁当を取つて食ふ。金は払はん。そこで弁当屋の女が催促に来る。俺れは素裸で押入れの中から出るものぢやから、女中、あつと魂消て退却ぢや。二三日は、俺れは食はんでも何ともなかつたのぢや。」

借りた金を返さないし、こういう手段で撃退することになにか誇りを感じている。この手でやはり高利貸も撃退した話もしております。どう見たつて「近代的人間類型」には属さない。ここには近代的合理性は一片もない。右翼的人間は頭山だけではなく、こういつた共通性が見られるのであります。（前掲書）

と頭山の行動をスケッチしているが、彼の日本人の間に於ける人気たるや、絶大なものがあつた。右翼や其の周辺から神の如く尊敬されたのは兎も角、当時の最も近代的な実業家星一氏も彼の熱烈なファンであった。

星新一氏の本の中に、

「父（星一）は頭山満、杉山茂丸の交友五十年の大パーティの企画をしていたのだ。金婚式、銀婚式があるのだから、交友二十五年を銀菊、五十年を金菊の祝いとして、世にひろめようというわけである。

当時の写真が残っているが、会場の工業クラブには、かなりの人が集まった。記念品のひとつとして、父はレコードを作り、人びとにくばった。その歌詞のはじめの部分は、いまだにおぼえている。

頭山、杉山、両山は、
若いころから手を結び、
君のおんため国のため、
家や宝は、ちりあくた。（星新一『明治の人物誌』新潮文庫）

とある。

こんな大悪党に斯くまで信望が集まる理由は、一片の私心もなかったからである。人を殺すも大金を集め散ずるも「君と国」との為で、少しも私する処がない。

こうなると日本人はぐっとくる。**明治以来の日本人の行動様式は下級武士のエトスとなったからである。**

彼等は、**「立って半畳寝て一畳、天下取っても四畳半」**と、政権を握っても在野草莽時代の生活の儘である事を誇りとした。仮令是れが事実でない時でも、斯くの如く演出すると日本人は納得した。

幾ら「目白御殿」なんか建てても、ワシは土方、そこらのオッサンと同じ事。

此処をぐっと強調し、斯くの如く生活する事を誇るべきであった。

どうせ越後の出稼ぎではないのか。

此の原日本人のエトスを理解せず、是れを蹂躙して憚らないのだから、日本人は怒るのも当たり前だ。此処まで本書を読んで下さった読者なら、其の理由を説明する必要はあるまい。

分けても特にピッタリなのが、ユダヤ人のエトスと矛盾する要素を身に付けていたが故に、史上最大の名君が悪王の見本とされる事になったヘロデ大王だ。

古代ユダヤ人も政治を知らなかった。

政治的低脳（イザヤ・ベンダサンの命名）なる故にユダヤ人は二千年の離散の旅に出る事になった。**政治白痴たる日本人は、是れからどうなるであろうか。**

本書は小室直樹著『政治が悪いから世の中おもしろい』（一九八三年、KKベストセラーズ刊）に編集部が脚註を加えて再刊行したものである。

〈刊行に寄せて〉

「敢えて異を唱える」勇気の書――

組織工学研究所所長　糸川英夫氏

小室直樹さんが、またまた、エキサイティングな本を出されました。

小室さんは現代日本で、私の最も敬愛する人物です。

それは、ともすればおちいり易い日本民族の盲点、弱点を、一ばんよく知っておられるからです。

グループの和を尊ぶ、というカルチャーはそれなりに効果も発揮して来ましたし、今後の日本民族の美点として存在しつづけるでしょう。

しかし、同時に「敢えて異を唱える」という人の存在を認め、少なくとも抹殺しないように心掛けることが日本を安定した社会に導く一つの道だと信じています。

「和を尊ぶ」ことと同時に「評価出来る能力をもつ」ということが大切だと思います。

自分が考えて来たことと違うことをいう人の意見を、どこまでどう「評価出来るか」、それを、この本は、あなたに問いかけているのではないでしょうか。

右記は本書の原著（『政治が悪いから世の中おもしろい』）の刊行時の推薦の辞である

●著者略歴

小室直樹（こむろ・なおき）

政治学者、経済学者。昭和七（一九三二）年、東京生まれ。京都大学理学部数学科卒業。大阪大学大学院経済学研究科、東京大学大学院法学政治学研究科修了。東京大学法学博士。

この間、フルブライト留学生としてアメリカに留学し、ミシガン大学大学院でスーツ博士に計量経済学を学ぶ。マサチューセッツ工科大学大学院でサムエルソン博士（一九七〇年ノーベル賞）からPh.D Economicsを授与される。著書に『新装版日本教の社会学』『新装版 日本いまだ近代国家に非ず』（ビジネス社）、『新装版　危機の構造』（ダイヤモンド社）、『数学嫌いな人のための数学　新装版』（東洋経済新報社）ほか多数。

平成二二（二〇一〇）年九月、逝去。

新装版 政治無知が日本を滅ぼす

2024年11月1日　　第1刷発行

著　者　小室　直樹
発行者　唐津　隆
発行所　株式会社ビジネス社
〒162-0805 東京都新宿区矢来町114番地
神楽坂高橋ビル5階
電話 03(5227)1602　FAX 03(5227)1603
https://www.business-sha.co.jp

カバー印刷・本文印刷・製本/半七写真印刷工業株式会社
〈カバーデザイン〉大谷昌稔
〈本文DTP〉茂呂田剛（エムアンドケイ）
〈編集担当〉本田朋子　〈営業担当〉山口健志

ISBN978-4-8284-2673-0

ビジネス社の本

新装版 日本教の社会学
戦後日本は民主主義国家にあらず

山本七平　小室直樹……著

定価　1540円（税込）
ISBN978-4-8284-2431-6

新装版
日本教の社会学
戦後日本は民主主義国家にあらず
小室直樹
山本七平
そして戦前日本は軍国主義国家ではなかった！碩学による「日本教」の徹底分析！
橋爪大三郎氏（社会学者）推薦！
ビジネス社

そして戦前日本は軍国主義国家ではなかった！

碩学による「日本教」の徹底分析！
橋爪大三郎氏（社会学者）推薦！
たぐいなき変則社会・日本！

本書の内容